JN260826

欧州における乳幼児社会的養護の展開

研究・実践・施策協働の視座から
日本の社会的養護への示唆

上鹿渡和宏
［著］

福村出版

|JCOPY| 〈(社)出版者著作権管理機構 委託出版物〉
本書の無断複写は著作権法上での例外を除き禁じられています。複写される場合は、そのつど事前に、(社)出版者著作権管理機構(電話 03-3513-6969、FAX 03-3513-6979、e-mail: info@jcopy.or.jp) の許諾を得てください。

推薦の辞

津崎哲雄
（京都府立大学名誉教授）

「なにごとにもふさわしい時（カイロス）がある」とユダヤ経典は教えるが，拙著（『ソーシャルワークと社会福祉――イギリス地方自治体ソーシャルワークの成立と展開』明石書店，2003年）に接したのを契機に指導を依頼され，一緒に勉強してきた著者とは約6年前にであった。爾来彼は，児童精神医学と児童ソーシャルワークの連関に着目しつつ，乳幼児社会的養護における実践展開・調査研究・施策策定の協働体制を欧日比較の視点から究明，2014年夏に本書の原稿を完成させた。より精緻化すべき箇所も含まぬわけではないが，躊躇う彼に即時公刊を勧めた。いかなる分野であれ，価値ある研究には公刊すべき旬（最も相応しい時）があり，今まさにその旬と感じたからである。厚労省養子縁組制度研究，赤ちゃん縁組＝愛知方式，家庭養護推進・施設養護改善国策，Human Rights Watch勧告，アルジャジーラ・BBCによる日本社会的養護の途上性世界報道，日本赤十字社乳児院経営への英研究者による問題提起，児童福祉司国家資格化案などをめぐり，社会的養護の将来展望に必須の知見が本書には漲っているからである。本書が乳幼児社会的養護研究書としてグローバルなクオリティ基準を充たし，博士学位論文としても独自性・創造性・論理性・開発性を兼ね備える成果であることを，以下数点指摘しておこう。

　本書の核心は，欧州の乳幼児社会的養護施策・実践に対する児童精神医学研究の貢献を，児童福祉／児童ソーシャルワーク学との統合的視点から究明することである。これは，本邦社会的養護研究に最も欠けてい

た視点であり，本書はそのベースライン的研究成果といえよう。とりわけ，欧州の孤児救済・乳幼児社会的養護に影響を与えた主な調査研究が，J.ボウルビィの母性的養育剥奪研究を嚆矢として，英国チーム（M.ラターら）や米国チーム（ジーナ他）によるルーマニア孤児予後研究へと結実するという分析は重要である。次に，欧州の施策・実践の展開に調査研究成果が影響していることに加え，調査研究・実践展開・施策策定は各々が単独で回転する歯車ではなく，3歯車として連動することで，社会的養護児のニーズ充足に資する国家介入システムが構築されてきたことが，諸種のアクション・リサーチ分析を通じて解明されている。さらに，欧州では原則として家庭養護委託へ移行しつつあるが，本原則が今後貫かれるとしても，現在施設養護委託されている（将来そうなる可能性のある）乳幼児の最善の利益・権利を保障すべく，現行施設養護自体の改革・改善，施設職員養育技能開発・研修を同時進行させるべきと論じ，社会的養護資源のあり方および現社会的養護委託乳幼児のニーズ充足（子ども目線）という，二重の複眼的視点から研究・施策・実務への展望を明確に提示している。最後に，欧州の3歯車連動を確認した反射として，日本の児童精神医学・児童福祉分野で忘れ去られてきた乳幼児施設養護予後追跡研究を再発見し，1950年代以降暫時，欧米児童精神医学界と同次元の先行研究が本邦でも存在していたが，それらが施策や実践と結びつかなかった事実を検証・確認している。

　今般，理工・人文・社会融合学系の価値が高まりつつあるが，本書はかかるアプローチ自体を目指しているわけではないとはいえ，乳幼児社会的養護という公共政策の一部門にさえ，複数科学分野間協働が不可欠であることを雄弁に物語っている。日本の社会的養護問題を子どもの人権保障や3歯車連動の観点から展望したい関係者，乳幼児社会的養護に直接間接に関わる諸氏にとって，本書は必読文献たらざるをえないであろう。

2015年12月

■目 次

推薦の辞　津崎哲雄　(3)

はじめに　(7)

　第1節　研究の背景　(7)
　第2節　研究の経過　(9)
　第3節　本書の構成　(12)

第1章　欧州における乳幼児社会的養護の現状と対応の方向性
　　　　　　　　　　　　　　　　　　　　　　　　　　(16)

　第1節　欧州における乳幼児社会的養護の現状　(17)
　第2節　国際機関等による乳幼児社会的養護の方向性と基本方針　(20)

第2章　ボウルビィの調査研究が児童福祉実践と施策に与えた影響　(28)

　第1節　ボウルビィの英国児童福祉における評価　(28)
　第2節　ボウルビィの児童福祉領域における功績と影響　(29)

第3章　ボウルビィ以降の社会的養護に関する実証的研究　(37)

　第1節　ケア水準の高い施設での子どもへの影響についての調査研究(37)
　第2節　ルーマニア孤児研究の展開──長期的大規模疫学研究の結果とその影響　(44)
　第3節　乳幼児社会的養護研究の現在　(53)
　第4節　家庭養護におけるケア水準維持向上を目指す研究　(56)

第 5 節　乳幼児家庭養護を最善のものとし続けるために——さらなる高みを目指して　(69)

第 4 章　施設養護から家庭養護への移行に関する実践展開　(78)

第 1 節　社会的養護における家庭養護への移行推進のための 10 ステップモデル　(78)

第 2 節　施設養護，家庭養護のケア水準向上のためのフェアスタートプログラム　(91)

第 3 節　里親のケア水準向上のためのフォスタリングチェンジ・プログラムと多次元治療里親委託（MTFC）の具体的内容　(115)

第 5 章　考察——日本の調査研究・実践展開・施策策定への示唆　(124)

第 1 節　欧州における乳幼児社会的養護のこれまでとこれから　(124)

第 2 節　日本の社会的養護領域における調査研究・実践展開・施策策定の協働　(127)

第 3 節　総括と展望　(139)

第 4 節　本研究の限界と課題　(142)

おわりに　(144)

補遺　施設より家庭養護へ移行した子どもの 30 年間追跡調査（池田，1981）から今後の社会的養護について考える　(148)

参考文献　(164)

あとがき　(172)

はじめに

第1節　研究の背景

　児童精神科医である筆者は，児童相談所での臨床経験から社会的養護[1]の問題に取り組み始めた。一般家庭から相談に至る子どもに比較して，一時保護所や児童養護施設等から相談に至る子どもの抱える問題はより複雑な場合が多く，その対応には非常に苦慮した。日本の児童精神医学の教科書の中に，社会的養護やそこで生活する子どもの抱える問題への理解・対応について詳しく扱っているものを見つけられなかったが，欧米の教科書の中には，章立てして詳細に扱うものもあり[2]，児童精神医学における社会的養護下にある子どもへの関心の差を大きく感じた。一方，日常臨床の中では，問題行動の要因として生まれながらの発達の遅れ・偏りの問題や施設入所前からの家庭環境の影響に加えて，入所中の施設での生活の影響について考えさせられるケースに多く

1　社会的養護とは，厚生労働省の定義によれば，「保護者のない児童や，保護者に監護させることが適当でない児童を，公的責任で社会的に養育し，保護するとともに，養育に大きな困難を抱える家庭への支援を行うこと」である。厚生労働省：児童養護施設等の社会的養護の課題に関する検討委員会・社会保障審議会児童部会社会的養護専門委員会とりまとめ「社会的養護の課題と将来像」2011年7月を参照。
2　ラター, M., テイラー, E. 編（長尾圭造・宮本信也監訳）日本小児精神医学研究会訳『児童青年精神医学』明石書店，2007年（Rutter, M., Taylor, E., *Child and Adolescent Psychiatry, Fourth edition*, Blackwell Publishing, 2002）をみると，第22章「入所施設ケアと里親養育」では「国際比較」「養育の中での虐待」「生みの家族との面会」「伝統的な里親養育に比べて親族里親養育はどうか」「里親家族と施設ケアの長期的な結果はどのようなものか」「施設ケアと里親養育における治療」等の項目がある。また，第23章「養子縁組制度」では，「養子縁組制度の近年の傾向と実際」「援助を受けている子どもたちにとって最も有益なこととは」「オープンな養子縁組」「養子縁組した家族での適応過程における発達上の問題」「医療機関に受診する養子とその家族」等の項目があり，詳細な記述がみられる。

出会った。特に，乳幼児期から長期にわたる施設生活を経験している者の中に，より深刻な問題を見いだすことが多い印象をもった。施設で生活する子どもの情緒や行動上の問題を解決するにあたっては，診察室でのやり取りでは不十分であり，子どもが多くの時間を過ごす生活の場における人的物理的な環境調整を要したが，さまざまな制約に阻まれることが少なくなかった。

筆者にさらなる社会的養護研究を決心させたのは，「社会的養護内虐待」[3]の事実であった。安全な場を提供するという約束で，子どもを家庭から（学校や地域からも）引き離しておきながら，その安全を保障できていない現実があった。子どもにとって安全・安心な生活を保障されるはずの社会的養護下での虐待については，当事者，関係者の間で話題にされることはあっても，国や自治体による実態把握は不十分な状況が続いていた[4]。社会的養護内虐待については，欧米では二重犠牲者化（revictimisation）として非常に大きな問題とされ，実態把握や研究・対応がなされてきたのだが，日本では実態の把握さえなされていなかったのである。これについても欧米の児童精神医学の教科書では言及されており，また，この問題に取り組む欧米の研究者によれば，個別の対応での解決は難しくシステムとして問題をとらえて対応する必要性が指摘されていた[5]。この問題は，日本では2009年，改正児童福祉法により被措置児童等虐待の問題としてようやく認識され，現場での取り組みも進展したのであるが，社会的養護下での虐待（子ども間の暴力等も含む）はなくなってはいない。英国の社会人類学者グッドマン（Roger Goodman）

---

3 一般的には「施設内虐待」の言葉が用いられるが，施設だけではなく家庭養護や一時保護所等でも生じており，誤解を避けるため「社会的養護内虐待」の言葉を用いた。
4 『中日新聞』2010年10月31日朝刊にNPOが実施した全国の児童養護施設で生活する高校生と職員へのアンケート結果が公表された。高校生の25％が職員からの暴力を受けたと回答し，24％が他児から嫌な思いをさせられたと回答している。また職員も59％が子どもからの暴力を受けたと回答するなど，職員から子どもへの虐待だけではない施設の複雑で深刻な生活状況が明らかにされた。その後児童福祉法が改正され，このような事態への対応がなされるようになり，実施された全国調査では，児童養護施設だけではなく，里親や児童相談所の一時保護所での虐待も明らかになる等問題の深刻さが明らかにされている。
5 Westcott, H., *Institutional Abuse of Children――from Research to Policy: a Review*, NSPCC, 1991（津崎哲雄・山川宏和訳『子どもの施設内虐待を防止するために』英国ソーシャルワーク研究会翻訳資料シリーズ第13号，2001年）を参照。

はこのような社会的養護下に置かれた子どもを，日本における「社会的排除」であると指摘している[6]。筆者自身も現場での経験と当時明らかにされつつあった調査結果を通して，社会的養護下に置かれた子どもたちの厳しい現状を把握していた。しかし，現場のスタッフが時に子どもからの暴力を受けながらも懸命に取り組む姿も知る者としては，個別での取り組みの限界を感じ，子どもたちの抱えるこの複雑な問題を解決するためにシステムとして具体的にどのような対応が必要なのか，どのような対応が可能なのかを探求しなければならないと考えた。そして，個別の取り組みだけでは解決できない問題を解くために，社会福祉学の視点でこの問題を見直し，児童精神科医としての実証的，実践的視点と合わせることが必要と考え，本研究に取り組むに至った。

第2節　研究の経過

　筆者はまず社会的養護における児童精神医学研究の役割について検討すべく国内外の研究に関する文献を収集しその分析に取り組んだ。この過程で国内の研究については第5章でも論じているように，多くの成果を見いだすことはできず，欧米の研究成果の中に筆者の抱える問題への示唆をより多く見いだした。

　これまでに英国や米国はじめ多くの先進各国が，施設養護からコミュニティを基盤とするケア，つまり家庭養護への移行を果たしてきた[7]。

6　グッドマン, R.（津崎哲雄訳）『日本の児童養護——児童養護学への招待』明石書店，2006年を参照。
7　社会的養護は「施設養護」と「家庭養護」の2つに大きく分けられる，さらに「家庭的養護」という言葉が使用されることもあるが，本書で扱う「施設養護」「家庭養護」「家庭的養護」の定義は国連定義に準拠し整理された厚生労働省資料に基づき以下のとおりとする。厚生労働省雇用均等・児童家庭局家庭福祉課：第13回社会保障審議会児童部会社会的養護専門委員会資料 3-1, 2012年1月において，国連の代替的養護の指針での養護の区別をふまえ「施設養護（residential care）」に対する言葉としては「家庭養護（family-based care）」を用い，施設において家庭的な養育環境を目指す小規模化の取り組みについては「家庭的養護（family-like care）」の言葉を用いると整理された。また，国連指針では「家庭養護」の中に①親族による養護（kinship care），②里親による養護，③家庭を基本としたまたは家庭に類似したその他の形式の養護を区別しているとする。本書では家庭養護の中でも②里親による養護について述べる際には特に「里親養育」と表記する。

1989年以降の中欧・東欧圏の国々の政治体制移行に際して，EUへの加盟国が増えつつあったが，これにともなって生じた社会的養護水準の改善への後押しもあり，国連，EU，NGO，研究機関の支援を受けて各国でさまざまな取り組みが展開されるようになった。中でも，社会的養護の脱施設化においては先駆的な立場にある英国と米国の研究チームによる縦断的な調査研究により，1989年のルーマニア孤児の危機問題への対応以降，さまざまなエビデンスが明らかにされつつあり，それに基づいた乳幼児社会的養護の基本方針や実践の展開が，近年の欧州における乳幼児社会的養護の特徴であると考えられた。

　とりわけ，ルーマニア孤児問題を機に発展した英国や米国の研究成果は，乳幼児期[8]の剥奪的環境が与える子どもの発達への影響という観点から，児童精神医学的にも非常に興味深い内容であり，わが国でも取り上げられることがあった。筆者は，社会的養護の問題解決の観点からこれらの研究成果を吟味する中で，日本の社会的養護への多くの示唆が含まれていることに気づいた。これらの研究は医学領域の研究成果を見通しながら，同時に社会的養護下の子どもの最善の利益を保障することを目指した介入研究であり，その研究調査過程での専門家，実践者，支援者の協働や研究成果の施策への影響等については，まさに社会的養護がシステムとして抱える問題を解決するためのモデルのように思われた。

　また，ダフネ・プログラム（Daphne Programme）との出会いも，この研究を展開する重要な契機となった。そこには欧州における乳幼児社会的養護の抱えるシステムとしての問題をどう解決するのか，その方法が提示され実践が展開されていた。さらに，その基盤にはジョン・ボウルビィ（John Bowlby）の研究とその後に引き続く実証的研究成果，ルーマニア孤児問題の研究と実践から得られた成果があり，乳幼児社会的養護に関する施策もこれに基づいて検討され，第1章にあるような国連等国際機関の勧告を裏づけるものとなっていると考えるに至った。ダフネ・プログラムではさらに，10ステップモデルによる実践も展開され

8　児童福祉法および母子保健法の定義では生後1年未満の者を乳児，満1歳以上の就学前の者を幼児としている。本書でもこの定義にしたがう。

ており，研究・実践・施策の協働[9]の重要性を理解した。

　さらに，ダフネ・プログラムやルーマニア孤児問題への対応で家庭養護が目指される中で，残された施設養護の問題と増加する家庭養護の質の維持の問題にどう対応するのかという現場レベルの課題が残されたが，その答えの一つとしてフェアスタートプログラムの存在を知った。これは EU からの支援のもと EU 内の乳幼児の施設養護と家庭養護を対象とする実践であり，そのプログラムは実証的研究成果に基づき構築され，国を越えた研究者・現場実践者・施策策定者の協働によって創出され展開されていた。さらに，乳幼児の社会的養護について早くから家庭養護を実現してきた英国で，現在何が求められているのかについても検証し，子どもの最善の利益を保障するための取り組みは止まることなく，研究・実践・施策の協働のもと，その質をより高め，維持する努力が続けられていることも明らかにした。

　実践と施策についての研究方法としては，文献での研究に加えて可能な限り訪問調査を実施し，その実際について明らかにすべく努めた。その中でも今後の日本の社会的養護に多くの示唆をもたらすと考えられた実践については本書で取り上げ詳細を記述した。さらに今後の日本における社会的養護の研究・実践・施策の協働を考えるにあたって重要な意味をもつと考えられた資料については翻訳出版（イギリス・ルーマニア養子研究の成果とフォスタリングチェンジ・プログラムに関する書籍）し，また，日本語版プログラムの Web 上での公開（フェアスタートプログラム）等も進めている。

　このように筆者は欧州における乳幼児社会的養護[10]の研究・実践・施策とその協働についての研究を深め，日本の社会的養護が抱えるシステ

9　「調査研究」「実践展開」「施策策定」という言葉を本文内ではそれぞれ，「研究」「実践」「施策」と略して表記している。
10　社会的養護は乳幼児に限るものではないが，発達に与える影響の広さと深さについては乳幼児が被る不利益の大きさを示唆する研究成果が多く，これに基づいて他の年齢よりも明確な施策提案がなされている現状から，本書では可能な限り乳幼児に関する研究・実践・施策について検討している。ただし，特に実践については乳幼児だけには限定しない（できない）ものも多く，本書においては乳幼児も含めた社会的養護に関する取り組みとして取り上げ検討しているものもある。

ムとしての問題解決のための重要な示唆を見いだした。一方で，筆者は当初参照できる研究・実践・施策の協働の例がないと考えていた日本においても，実は参照すべき具体例が存在することに気づき，それらのいくつかについて検証を進めている。本書では，欧州の事例の検討から得られた示唆をもとに，これらの研究と実践・施策との連携を見直すことで，今後の日本の社会的養護が子どもの最善の利益を保障できるよう再構築するための方法について検討を加えたい。

第3節　本書の構成

本書の構成については以下のとおりである。

第1章は，乳幼児社会的養護の現状についてバーミンガム大学がEU，WHOなどと連携して取り組んだダフネ・プログラムの報告を中心に，コートニー（Mark E. Coutney）らによる世界各国からの社会的養護下にある子どもの状況報告や，コルトン（M. J. Colton）らによる1990年代初頭までの欧州における状況報告をもとに整理した。また，今後の方向性については，トビス（David Tobis）による世界銀行からの報告，子どもと施設養護に関するストックホルム宣言，国連によるさまざまな報告の中で示された脱施設化の基本方針を吟味し，それが近年の実証的研究成果に基づいたものでありながら，子どもの権利擁護という観点からも強く要請されたものであることを示す。

第2章では，ボウルビィの初期の代表的著作である1951年WHO報告『乳幼児の精神衛生』をもとに，現代の社会的養護施策にも通ずる多くの示唆について，特に1951年報告の第二部の内容に焦点化し吟味する。また，当時とそれ以降の児童福祉実践・施策・研究に与えた影響について考察する。

第3章では，ボウルビィ以降の社会的養護に関するさまざまな実証的研究成果の中でも，その後の研究に影響を与えたと考えられるケア水準の高い施設における養育の影響について，ティザード（Barbara Tizard），ヴォリア（Panagiota Vorria）の研究成果とサンクトペテルブ

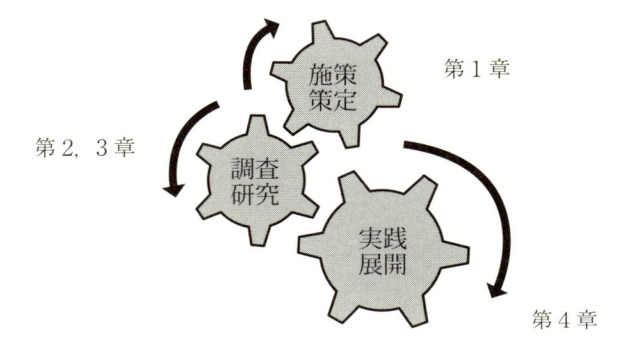

図1　欧州の乳幼児社会的養護における「調査研究」「実践展開」「施策策定」の連動

ルク－米国孤児院研究（St. Petersburg-USA Orphanage Research）を取り上げて具体的内容を吟味する。また，現在の乳幼児社会的養護の基本方針の根拠として最も大きな影響を与えていると考えられるルーマニア孤児を対象とした大規模な調査研究，その中でも英米各国チームによる調査研究について多くの報告をもとに考察する。また，乳幼児社会的養護研究・実践・施策の世界的動向に関する最近の研究報告，英国での家庭養護のケア水準向上を目指す里親支援プログラムやシステムに関する評価研究，オックスフォード大学リーズ・センター（Rees Centre）の研究成果についても整理し実践や施策上の意味合いを探る。

　本書では欧州の乳幼児社会的養護施策・実践の展開に実証的研究成果が大きく影響していることを見いだしながら，実際には図1[11]に示すとおり研究・実践・施策は単独で進展することはなく3つの歯車が連動することで，子どもにとって最善の利益を保障する社会的養護システムが構築されてきたことを明らかにする。第1章では「施策」の側面から，第2章と第3章では，「研究」の側面から3つの歯車の連動について検討する。

11　この図は，補遺として挙げた論稿作成のきっかけとなった2013年開催の「日本子ども虐待防止学会第19回学術集会信州大会分科会」での，津崎哲雄京都府立大学教授の報告に示唆を得て筆者が作成したものである。津崎は「ホスピタリズム研究」と「予後研究」そして「社会的養護施策」の3つの歯車の連動に注目して，海外と日本の社会的養護の展開の差を論じている。

```
                    ┌─────┐   ・国連等国際機関の示す方向性（1章2節）
                    │施策 │
                    │策定 │   ・英国の諸施策等（3章4節1項）
                    └─────┘
  ┌──────────────┐  ┌─────┐   ・世界各地での脱施設化に関連する
  │ボウルビィ1951年報告（2章）│  │調査 │     実証研究（3章3節）
  │→施設改善研究（3章1節） │──│研究 │
  │→ルーマニア孤児研究（3章2節）│  └─────┘   ・家庭養護のケア水準向上に向けた
  └──────────────┘              研究（3章4・5節）
                    ┌─────┐   ・Lumos（4章1節）
                    │実践 │   ・フェアスタートプログラム（4章2節）
                    │展開 │   ・フォスタリングチェンジ（4章3節）
                    └─────┘   ・MTFC（4章3節）
                              ・コンカレント・プランニング（3章5節）
```

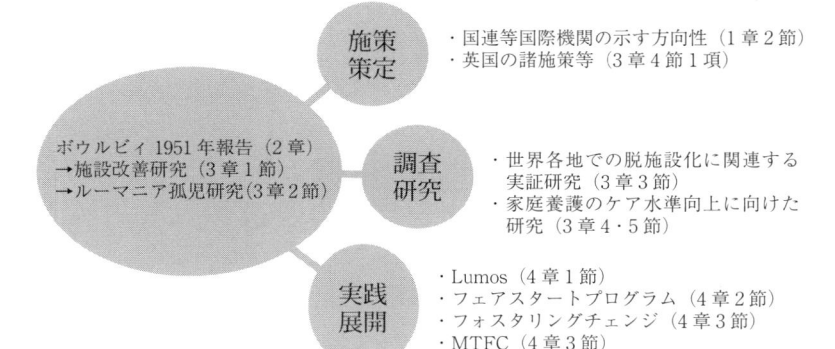

図2　本書の構成

　第4章では，前章までの調査や研究成果をもとに展開されている実践として，10ステップモデルから引き続くルーモス（Lumos）の取り組みと欧州からその範囲を広げつつあるフェアスタートプログラム，さらに家庭養護におけるケアの質の向上を目指すフォスタリングチェンジ・プログラムや多次元治療里親委託（MTFC）についても整理して検討する。図1の3つの歯車の例でいえば，「実践」の側面から3つの歯車の連動について考察を深める。

　第5章では，全体を総括した上で，日本の社会的養護における研究・実践・施策の3つの歯車の連動について，『ホスピタリスムスの研究』と池田の長期追跡調査研究をもとに考察を加える（研究途上ではあるがその成果の一部を補遺に示した）。そして本書で明らかにしてきた実証的研究の役割や実践・施策との協働の必要性という観点から，児童精神科医として社会的養護の問題にかかわる筆者の役割や今後の日本の社会的養護の抱える問題の解決への展望について探る。

　また，第1章から第4章までの各項目の関係は，図2のように示すこともできる。ボウルビィの1951年報告とそれに引き続く社会的養護に関する実証的研究，そして2000年前後からいくつもの重要な成果や知見が報告されるようになったルーマニア孤児に関連した研究までの流れ

が図の左側であり,本書での該当箇所も示した。

　また,このルーマニア孤児研究の膨大なそして明確な成果をもとにして,それ以降,(特に乳幼児社会的養護において)取り組まれてきたといえる施策や実践,そして新たに展開された実践についての評価研究が,世界的な脱施設化という潮流をも生み出しながら今日に至っている様相を示したのが図の右側である。
　最後に本研究の限界と今後の研究の方向性に関して課題を挙げ,展望を設定する。
　なお,本研究は臨床研究ではなく,個人情報も取り扱わず,内外における研究機関への訪問調査により収集した文献や資料および証言の考察が主となる研究であるため,特別な倫理的配慮は要しないと考えられる[12]。

12　本論と補遺はこれまでに筆者がまとめた以下4つの論文をもとに加筆修正し,さらに新規内容も加えて博士論文として再編したものであることを最初に示しておく。
・上鹿渡和宏「社会的養護の動向と喫緊の課題——『今を生きる子ども』の最善の利益から考える」『信州公衆衛生雑誌』6(2),2012年a,pp.113-120。
・上鹿渡和宏「英国・欧州における社会的養護に関する実証的研究の変遷と実践への影響」『長野大学紀要』34(2),2012年b,pp.1-13。
・上鹿渡和宏「フェアスタートプログラムの開発経緯とその内容,意義について」『長野大学紀要』34(3),2013年,pp.11-24。
・上鹿渡和宏「施設より家庭養護へ移行した子どもの30年間追跡調査(池田,1981)から今後の社会的養護について考える」『長野大学紀要』36(2),2014年b,pp.1-8。

第1章
欧州における乳幼児社会的養護の現状と対応の方向性

　コートニーらは各国の研究者に呼びかけて、アフリカ、アジア、中東、東欧、西欧、北アメリカ、南アメリカ、オーストラリアの11か国の入所型養護の歴史と現状についての報告[13]をまとめ、「入所型養護の利用が、世界の若干の地域で他の地域よりはるかに利用度が低いというのは紛れもない事実であるが、産業国あるいは脱工業経済の国で、少なくともその国の児童の一部を入所型養護に託置していない国はない。」[14]と指摘した。また、次のようにも述べている。「入所型養護は、十分とはいえないまでも、消えてなくならずに生き続けており、世界中で予見できる将来、児童福祉サービス供給の一部として残りそうであると思われる。」[15]
　社会的養護については、各地域でその増減や子どもたちの実際に置かれている状況が異なり、また、政治、経済、文化、宗教の問題も影響していると考えられるため、全体の概要を把握しながら、それぞれの地域（さらにはそれぞれの施設等）の具体的な状況をとらえることが重要と考えられる。
　以下、本書で扱う欧州における乳幼児の社会的養護の状況について検討する。

13　コートニー，マーク，E.，イワニーク，ドロータ（岩崎浩三・三上邦彦監訳）『施設で育つ世界の子どもたち』筒井書房，2010年。
14　同上書，p.293。
15　同上書，p.294。

第1節　欧州における乳幼児社会的養護の現状

　1993年，コルトンとヘリンクス（W. Hellinckx）は当時のEC12か国での施設および里親ケアの分野における政策，実践や研究に関する最初の報告[16]をまとめた。ベルギー，ルクセンブルク，デンマーク，フランス，ドイツ，ギリシャ，アイルランド，イタリア，オランダ，ポルトガル，スペイン，イギリス各国の当時の社会的養護の状況と当時取り組まれつつあった実践や研究についての貴重な資料である。コルトンらは，各国の状況は文化的，宗教的，経済的，政治的影響によりさまざまであり，その比較においては共通点を見つけ出すことが難しいと前置きしながら，EC諸国における施設および里親ケア分野の共通した展開を以下の6点にまとめた[17]。

　①里親ケア措置の児童数の増加にともなう，施設ケア児童数および施設数の減少
　②家庭から分離された児童青少年数の変化（家族がいない児童ではなく問題家族からの児童の増加）
　③小規模施設化への傾向
　④生態学的視点の展開
　⑤施設および里親ケア体制，そして他のケアの選択肢の展開による大きな分化
　⑥専門職化

　このうち①についての詳しい説明として，以下の記載がある[18]。

16　コルトン, M., ヘリンクス, W. 編著（飯田進・小坂和夫監訳）『EC諸国における児童ケア——里親養護・施設養護に関する各国別紹介』学文社，1995年参照。この邦訳では「里親ケア」「施設ケア」の言葉が使用されており，この資料に関連する記載についてはそのままとしている。
17　同上書, p.243。
18　同上書, p.244。

「イギリスにおいて，施設ケアに対する里親ケアの児童数の割合は，すでに40：60である。他のEC諸国においては，施設ケアに措置され，分離された児童の割合はもっと高い。たとえば，オランダとデンマークでは，その割合は50：50である。ベルギーのフラマン語圏地域では，その割合は60：40である。また，スペインでは，なんと分離された児童の88％が施設ケアに措置され，12％だけが里親ケアに措置されている。」

以上のように，この資料からは1990年代の欧州における社会的養護の状況を概観することができる。各国間の差が大きいものの，国によっては不十分ながらもこの時点ですでに家庭養護への移行が進展していたことがみてとれる。

次に，最近の欧州における社会的養護（特に乳幼児）の現状について確認しておこう。

欧州における乳幼児社会的養護の現状に関する大規模な調査報告としては，ダフネ・プログラム（Daphne Programme，以下DPと略記する）というEU，WHO，バーミンガム大学などが連携した取り組みがある。その成果の一部が英国の医学雑誌 BMJ（British Medical Journal）に掲載され，それまで明確に把握されていなかった欧州における乳幼児社会的養護の現状が明らかにされた[19]。その中でEU，WHO，ユニセフが，2002年までのデータを用いて実施した調査によれば，WHO欧州地域の46か国において，施設で生活する3歳未満の子どもの数は43,842人（14.4/10,000）と報告されている。さらにDPでは各国統計データからの現状把握だけではなく，統計データだけでは理解困難な現状の問題点を把握するため，協力国（デンマーク，フランス，ギリシャ，ハンガリー，ポーランド，ルーマニア，スロバキア，トルコ）での個別の施設調査結果も加

---

19 Browne, K., et al., "Overuse of Institutional Care for Children in Europe", BMJ, 332, 2006, pp.485–487.

味して最終報告としている。以下がその内容である[20]。

　調査対象とした欧州32か国で3歳未満の子どもが施設養護を受けている比率は平均するとおよそ1万人につき11人であったが，国によって大きな差があった。また，子どもが施設入所となる理由も，国によって大きな違いがみられた。EU諸国（2003年）において，施設入所となった理由として最も割合が高かったのは，虐待とネグレクトの69％であった。遺棄が4％，障害が4％，残り23％は親の収監など，他の理由によるものであった。完全な孤児ということで入所している子どもはいなかった。これに対して，調査対象となった他の国々（EU以外）では，虐待・ネグレクトによる者が14％，遺棄が32％，障害が23％，6％が孤児であり，25％はその他の理由であった。

　また，利用可能な代替サービスも国によってさまざまであった。里親委託と家族再統合支援を全くもたない国から，これらの支援を最大限に利用する国までさまざまな国があった。ベルギーは3歳未満の子どもの施設入所率が最も高い国の一つだが，子どもを家庭に戻す家族再統合率の高い国の一つでもある。これは，施設養護を親との再統合の準備の間，子どもの安全を確保する場所として使用する，子ども保護のための施設利用という実態を示している。これとは対照的に，他の国々では子どもの長期的ケアの場として施設養護を利用していることが多かった。これらの事実から，評価においては各国における施設養護の質と子ども保護の戦略の詳細を検討することが重要であると指摘された。また，地域での支援サービスがより充実している国ほど，子どものニーズに基づいて委託先を判断し，社会的養護から社会的自立への移行に関してもよりよい準備ができることが明らかにされた。最後に，この研究の限界として，社会的養護の下にある3歳未満の子どもについての国レベルでの信頼できる情報を得ることの困難さが挙げられている。

20　Browne, K., Hamilton-Giachritsis, C., Johnson, R., et al., *Mapping the Number and Characteristics of Children Under Three in Institutions Across Europe at Risk of Harm*, European Commission Daphne Programme, University of Birmingham Press, 2005a, pp.44-56の内容を筆者が翻訳，要約して示した。

以上のように，欧州の乳幼児社会的養護の現状についてはデータ収集における限界はあるものの，DPによって現在可能な範囲での具体的な状況把握がなされたといえる。

第2節　国際機関等による乳幼児社会的養護の方向性と基本方針

　トビス（David Tobis）による世界銀行からの報告書「中欧・東欧，旧ソ連における施設からコミュニティを基盤とするケアサービスへの移行」[21]では，中欧・東欧，旧ソ連の状況について1989年以降，統制経済において最も危険で経費を要する扱いにくい問題の一つとして子ども，障害者，高齢者ケアの施設依存問題が提示されている。地域を基盤とする代替ケアがほとんど存在せず，これらの国々では少なくとも130万人の子ども，障害者，高齢者が7,400か所の大規模施設で生活していたという。これはその地域の子ども全体の1％，障害者の4％，高齢者の1％にあたり，施設に入所した子どもは身体，情緒，認知の発達が阻害され，障害のある子どもは社会から隔絶され，施設から社会に戻ることはほとんどなかったという。市場経済への移行によって，これらの国々の経済社会状況は大きく変容し，施設入所は増加した。ケアの質については，施設によってはトレーニング等により向上がみられたところもあったが，全体としては10年前に比べて悪化していることが明らかにされた。

　このような中欧・東欧，旧ソ連の施設養護偏重傾向について，以下のような方向性と基本方針が示されている。

　他の資本主義国もかつては施設に依存していたが，ほとんどの国は重度障害者を除いては施設でのケアからコミュニティを基盤とするケアに移行してきた。中欧・東欧と旧ソ連の国々がどのようにしてこの移行を成し遂げられるか6つの要素（elements）が考えられた[22]。この研究では，世界銀行が施設依存の割合を減らしコミュニティを基盤とした社会サー

21　Tobis, D., *Moving from Residential Institutions to Community-Based Social Services in Central And Eastern Europe And the Former Soviet Union*, The World Bank, 2000, pp.1–4.
22　6つの要素の詳細については第4章第1節第1項で具体的に説明している。

ビスへの移行を支援している5つの国，アルバニア，アルメニア，ラトビア（2004年5月EU加盟），リトアニア（2004年5月EU加盟），ルーマニア（2007年1月EU加盟）に特に焦点化し，ケアの地域化を妨げる要因を以下の4つにまとめている。

①施設を維持しようとする組織的圧力。
②地域でニーズのある個人をケアするための枠組みや資源がないこと。
③施設でのケアを促進する経済的メカニズム。
④国が示したとおり，施設養護は数少ない有益な資源の一つであるとする見方を一般の人々がもち続けていること。

　西欧や米国では，コミュニティを基盤としたサービスがより経済的であり，かつ，個人のニーズを満たす上でもより適切であるとされた。同様のことがこの地域で新しいサービスを立ち上げようとする政府や世界銀行，EU，国連，研究機関等によっても示されている。6つの要素によるアプローチは世界銀行の貧困削減戦略であるが，コミュニティサービスが十分に整備される前に，無理に施設から退所させられることには，危険がともなうことも注意深く指摘されている。このようにトビスは中欧・東欧，旧ソ連の国々の状況の改善について，施設でのケアからの移行のための6つの要素やケアの地域化を妨害する4つの要因，さらに，実践に移される際にともなう危険性について包括的に述べながらも，2000年の報告時点で目指すべき方向としては脱施設，ケアの地域化を強く勧めているといえる。
　また，2003年5月に71か国から600人以上の政府関係者，市民，研究者等が参加してストックホルムで開催された第2回子どもと施設養護国際会議では「施設養護が個々の子ども，そして社会全体のどちらにも良い影響をもたらさないということは明白に証明されている。」として以下の内容を含む宣言が参加者により採択された（Stockholm Declaration on Children and Residential Care：子どもと施設養護に関するス

トックホルム宣言）[23]。

　子どもの権利条約を批准した国の政府が，家庭でのケアを受けられない子どもに対して負う義務として，まずは子どもが家で生活を続けられるような家庭支援サービスを提供すること，施設養護は最終的一時的手段とすること，子どもに家庭環境を提供する代替ケアシステムを目指した予算計上・執行，モニタリングの実施，残された施設養護の水準の管理，そして，これらすべての実践において子どもやその家族の声を反映させることが挙げられている。さらに，その実行を促すべく，政府，一般市民，研究者組織，国際的な資金提供者，実践家のそれぞれに対して呼びかけがなされている。政府に対しては，社会的養護システムの再構築，子どもの権利条約の内容に沿った法的枠組みの強化，子どもが家族と生活できなくなる要因となるさまざまな差別の根絶，ケア基準の設定と適切なモニタリングの実施，予防的施策や代替的ケアへの優先的予算配分が提示されている。市民に対しては，社会的養護における脱施設化と代替的ケアシステム創生への後押し，障害や人種，HIV等へのさまざまな差別の根絶，子どもが家族と生活し続けるための支援を受け続けられるようにコミュニティを方向づけること，政府に子どもの権利条約を守らせること，良い実践を共有し広めること，子どもや家族が方針決定に参加できるようにすることが挙げられている。研究者に対しては，異なる社会的養護形態における長期的な結果を明らかにすることが求められている。資金提供者に対しては，予防的対応や代替的なケアシステムに対して援助することが求められている。さらに実践家に対しては，コミュニティを基盤としたアプローチが求められ，子どもの権利に基づいたケアの重要性が確認されている。

　このように2003年のストックホルム宣言は，実践にあたっては，この問題にかかわる研究者，実践者，施策策定者，そして市民のそれぞれが取り組むべきことを明らかにしている。実際に脱施設化が子どもにとって最善の方向に進められるためには，研究・実践・施策各領域の関

23　*Stockholm Declaration on Children and Residential Care*, Department of Social Work, Stockholm University, 2003の内容を筆者が翻訳し概要をまとめて以下に示した。

係者の取り組みとその連携に基づいた協働が必須であるが,市民も含めてそれぞれの取り組むべき事項を具体的に示したことの意義は非常に大きいといえる[24]。

次に,乳幼児社会的養護の施策や方向性に関して国連のいくつかの報告書で示されている分析や提言をみてみよう。

まず,2005年国連子どもの権利委員会による「乳幼児期における子どもの権利の実施」の中で,どのような提言がなされているかみてみる[25]。

> 「36(b)……調査研究の示すところによれば,質の低い施設養護は,健全な身体的および心理的発達の促進につながる可能性が低く,またとくに3歳未満の子どもにとっては(ただし5歳未満の子どもにとっても)長期的な社会的適応の面で重大な悪影響をもたらす場合がある。代替的養護が必要とされるとしても,家族を基盤としたケアまたは家族類似のケアに早期に措置することのほうが,乳幼児にとって積極的結果をもたらす可能性が高い。締約国は,安定,ケアの継続性および愛情,ならびに,乳幼児が相互の信頼および尊重を基盤として長期的愛着関係を形成できる機会の確保につながりうる形態の代替的養護に対し,たとえば里親託置,養子縁組および拡大家族の構成員への支援を通じて,投資および支援を行なうよう奨励されるところである。」

この報告書においては,他にも乳幼児の権利について検討された結果

---

24 一方で,コートニーはストックホルム宣言について以下のように注意を促している。特に「実践」の側面からこの問題を検討する際には十分留意すべき点であろう。本書では第3章,第4章で,このことについて他の研究や実践を通して検討している。「このストックホルム宣言を読んだ者は,入所型養護は無くさなければならないという万国共通の合意ができて,責任がある人と施設がそうさせるのは時間の問題に過ぎないのだと信じ込んでしまうかもしれない。しかし,実のところは,状況はそんなに簡単な問題ではない。国によって,入所型養護に依存する度合いは大きく違う。」(コートニー他,前掲書,p.1)
25 平野裕二訳「子どもの権利委員会 一般的意見7号――乳幼児期における子どもの権利の実施」2005年,36(b)から引用。(http://homepage2.nifty.com/childrights/crccommittee/generalcomment/genecom7.htm〔2014年8月30日アクセス〕)

が明確に示されている。冒頭に「調査研究の示すところによれば」とあるとおり，実証的研究の成果に基づいてこのような方向性が明示されるに至ったことがわかる。後に乳幼児の社会的養護についての同様の見解，基本方針がさまざまな場面で明確に提示される背景として留意すべく，以下に関連個所を同報告書より部分的に引用し確認しておく。

> 「3……乳幼児は条約に掲げられたすべての権利の保有者である。乳幼児は，特別な保護措置の対象とされ，かつ，その発達しつつある能力にしたがって自己の権利を漸進的に行使する資格を有する。」

これは乳幼児が権利主体者であること，社会を構成する者の一人であることの再確認である。

> 「13（b）……子どもたちに影響を及ぼすあらゆる立法および政策の策定，行政上および司法上の意思決定ならびにサービス供給において，最善の利益の原則が考慮に入れられなければならない。これには，子どもたちに直接影響を及ぼす行動（たとえば保健サービス，ケア・システムまたは学校に関わるもの）のみならず，乳幼児に間接的影響を及ぼす行動（たとえば環境,住宅または交通機関に関わるもの）も含まれる。」

これは乳幼児の最善の利益の保障に関する提言の一部であるが，まさに乳幼児の社会的養護に関して再検討を促すものであるといえよう。

> 「14……もっとも幼い子どもでさえ，権利の保有者として意見を表明する資格があるのであり，その意見は『その年齢および成熟度にしたがい，正当に重視され』るべきである（第12条1項）。……乳幼児は，話し言葉または書き言葉という通常の手段で意思疎通ができるようになるはるか以前に，さまざまな方法で選択を行ない，かつ自分の気持ち，考えおよび望みを伝達しているのである。」

これは乳幼児の意見表明権についての明確化である。具体的な対応方法としては以下のように，その権利の実現のためには大人の思慮深い積極的関与が必須であることが強調されている。

「おとなが子ども中心の態度をとり，乳幼児の声に耳を傾けるとともに，その尊厳および個人としての視点を尊重することが必要とされる。おとなが，乳幼児の関心，理解水準および意思疎通の手段に関する好みにあわせて自分たちの期待を修正することにより，忍耐と創造性を示すことも必要である。」

これらの乳幼児の権利についての確認が，以下に挙げるような国連からの乳幼児社会的養護の基本方針明確化の背景にあったことにも十分留意すべきである。

次に，国連事務総長が任命した専門家によりまとめられた「子どもに対する暴力調査報告書（2006年）」[26]の一節を取り上げる。

「子どものための施設の過剰な利用によって，子どもや家族，社会は大きな犠牲を払うことを余儀なくされる。子どもの発達に関する広範な研究によれば，施設収容の影響は，身体的健康への悪影響や発達上の重度の遅れや障害，そして不可逆的な心理的ダメージにまで及びうる。ヨーロッパの施設についてのある研究によれば，0～3歳の乳幼児が両親なしで施設養護とされた場合，アタッチメント障害や発達の遅れ，発達中の脳における神経萎縮の危険性がありうることが示された。その研究は『幼少期における養育の不在によるネグレクトやダメージは幼い子どもに対する暴力に等しい』と結論づけている。」

この報告の中にも，研究成果に基づいた判断基準であることが示され

---

26 Paulo Sérgio Pinheiro, *WORLD REPORT ON VIOLENCE AGAINST CHILDREN*, the United Nations Secretary-General's Study on Violence against Children, 2006, p.189.

ており，実証的研究成果の施策に与える影響を確認できる。研究成果による確認という裏づけを得て基本的な方向性を確定しつつ，さらに詳細できめ細かな対応を展開すべく「子どもの権利の視点」からの示唆が多く積み上げられてきた，といえるのではないだろうか。

次に 2006 年の国連総会採択決議 A/61/299「子どもの権利保護と促進」[27]の内容の一部をみてみる。

> 「子どもが家庭で暮らし続けることを支えることや，コミュニティを基盤とした代替的手段によって施設に収容される子どもの割合を減少させることを優先すべきであり，施設養護は最後の手段としてのみ利用されることを保障しなければならない。家庭的ケアという方法がすべてのケースにおいて優先されるべきであり，乳児や幼少の子どもについては唯一の方法であるべきである。」

最後に，「児童の代替的養護に関する指針（2009 年）」[28]を取り上げる。

> 「専門家の有力な意見によれば，幼い児童，特に 3 歳未満の児童の代替的養護は家庭を基本とした環境で提供されるべきである。この原則に対する例外は，兄弟姉妹の分離の防止を目的とする場合や，かかる代替的養護の実施が緊急性を有しており，又はあらかじめ定められた非常に限られた期間である場合であって，引き続き家庭への復帰が予定されているか，又は結果として他の適切な長期的養護措置が実現する場合であろう。」

以上，国連の乳幼児社会的養護の基本方針は「脱施設，家庭養護の推進」で一貫していると考えられる。

27　UN General Assembly A/61/299, *Promotion and Protection of the Rights of Children*, 2006, p.29, 112 (a).
28　厚生労働省雇用均等・児童家庭局家庭福祉課仮訳『第三委員会報告（A/64/434）に関する国連総会採択会議　64/142，児童の代替的養護に関する指針』2009年，p.5.

このように国連のさまざまな報告の中で示された乳幼児社会的養護の基本方針は，近年の実証的研究成果という科学的根拠（これについては第3章で詳述する）に基づいたものでありながら，また，子どもの権利擁護という観点からも強く要請されたものであるともいえるであろう。児童精神科医としての立場からすれば，実証的研究成果こそが「乳幼児の声なき声」を代弁しているともいえる。もとより乳幼児を含めて子どもの声を大人に聞き入れられるように伝えることは児童精神科医の重要な役割の一つであるが，乳幼児の社会的養護についてはその役割が一層必要とされており，欧米における実証的研究の数々はそれに応じたものであるともいえるだろう。

　一方でこのような基本方針が繰り返し提言されてきた背景には，前節で確認したような社会的養護の現状があり，コートニーがいうように「現実には，すべての社会，すべての国家は，社会的にまた政治的に，要養護の対処の難しい児童のニーズに対応する実現可能な解決法をみつけなければならない」[29]とすれば，現実的には施設養護における対応についても，しばらくの間は同時に改善策を検討し続ける必要があるのではないかと筆者は考えている。これについては第3章以降で検討する。

29　コートニー他，前掲書，p.314。

第2章
ボウルビィの調査研究が
児童福祉実践と施策に与えた影響

　前章で確認した乳幼児社会的養護の基本方針明確化の根拠の一つとして，近年の大規模な実証的研究成果が影響していることをふまえて，それらの研究の発端としても考えられるジョン・ボウルビィ（John Bowlby, 1907-1990）の1951年WHO報告を取り上げ，施策・実践への意味合いを検討する。また，乳幼児社会的養護における施設養護から家庭養護への移行については先進国ともいえる英国の児童福祉やソーシャルワーカーへのボウルビィの影響についても考察する。

第1節　ボウルビィの英国児童福祉における評価

　ホルマン（Bob Holman）によれば，英国の児童福祉においては1940年代に要養護児童への社会の関心が高まり，地方自治体での児童部を中心とした専門的な支援が提供されるようになった。50年代は，児童部が子ども向けサービスの確立に尽力した時代であり，60年代には児童部の拡大が実現した。ホルマンは，「1940年代から60年代は児童福祉の黄金時代」であると評した[30]。この発展は多くの福祉を専門とする実践家や研究者によって支えられたものであるが，この取り組みを理論的にも，実践的にも支えた児童精神科医の一人が，母子関係論を発展させたボウルビィであった。ホルマンによれば，英国における里親委託優先

30　ホルマン, B.（福知栄子他訳）『近代児童福祉のパイオニア』法律文化社，2007年，p. i 。

という方向性もボウルビィによって強化されたという[31]。

　津崎はボウルビィの英国児童福祉における貢献として、研究成果の児童福祉施策実務への論理的に明快な適用と指導的立場の実務家養成を挙げている[32]。また、ボウルビィの『乳幼児の精神衛生』[33]の出版については時宜を得たもので、児童ケアに対する影響は計り知れないものがあったとされ[34]、さらに、20世紀の終わりに欧州のいくつかの国で大規模施設養護の割合の減少がもたらされたのも、ボウルビィの提言によるものであったとも指摘されている[35]。

　英国においては児童福祉にかかわる実践家からボウルビィの名前が挙げられることは多く、今も英国で児童福祉にかかわる実践家や専門家に影響を与え続けていると考えられる。特に社会的養護について具体的方向性を検討する際には、ボウルビィの提示した方向性とその展開について整理することで多くの示唆が得られるであろう。

第2節　ボウルビィの児童福祉領域における功績と影響

第1項　1951年WHO報告書　第一部「母性的養育の喪失による不幸な結果」

　ボウルビィの児童福祉領域における重要な貢献の一つとして、1951年報告とその影響を挙げることができる。ボウルビィはその後も多くの著作を残しているが、この1951年報告において児童福祉、社会的養護についての重要な検討や提言が数多くなされている。

31　ホルマン, B.（津崎哲雄・山川和宏訳）『社会的共同親と養護児童――イギリス・マンチェスターの児童福祉実践』明石書店、2001年、p.151。
32　津崎哲雄『ソーシャルワークと社会福祉――イギリス地方自治体ソーシャルワークの成立と展開』明石書店、2003年、pp.279-280。
33　ボウルビィ, J.（黒田実郎訳）『乳幼児の精神衛生』岩崎学術出版社、1967年。
34　以下を参照した。
・Yelloly, M., et al., *Socialwork Theory and Psychoanalysis*, Van Nostrand Reinhold Company, 1980, p.77.
・Yelloly, M., et al., *Socialwork And the Legacy of Freud : Psychoanalysis and its Uses*, Macmillan education LTD, 1988, p.8.
35　Browne, K., et al. (2005a), *op.cit.*, p.5.

具体的内容としては，第一部において親との分離・喪失にかかわる臨床的な観察や諸研究を総合し，乳幼児では特定のアタッチメント対象（母親的人物）との持続的，個別的で一貫性のある情愛に満ちた関係性の形成こそが心身の発達にとって最重要であると主張した。さらに人生早期の母性的かかわりの剥奪による，心身への深刻なダメージについても訴えた[36]。

　ボウルビィはこの第一部において回顧的，追跡的研究レヴューに基づいて，安全限界（どうしても必要な場合にはどの程度の愛情の喪失が許されるのか，すでに生じた損傷を回復するにはどれほどの期間が必要であるか）を探ろうとした。また，研究上の課題としては，安全限界について，喪失以外の要因による影響，心理学的技術以外の生理学的測定法（脳波検査等）の利用が挙げられている[37]。

　この第一部については，のちにマターナル・デプリベーション（母性的養育の剥奪）の問題として多くの論争を巻き起こすことになる。特に，英国の児童精神科医ラター（Michael Rutter）は1960年代よりマターナル・デプリベーションに関心をもち続け，1972年にそれまでのさまざまな研究結果を整理し出版している[38]。さらに1992年よりイギリス・ルーマニア養子研究（The English and Romanian Adoptees〔ERA〕Study）を通して，この問題に検討を加えている。ERA研究においては施設でのデプリベーション（institutional deprivation）に関連する問題が扱われているが，これについては本書第3章第2節第1項で詳述する。ERA研究が，こうした一連の流れの中に位置づけられる研究であることはラター他（2000）[39]の中に示されている。

36　久保田まり「愛着研究はどのように進んできたか」『そだちの科学』7，日本評論社，2006年，pp.2-3。
37　ボウルビィ，前掲書，pp.54-58。
38　邦訳としては以下の2冊がある。
・ラター，M.（北見芳雄他訳）『母親剥奪理論の功罪——マターナル・デプリベーションの再検討』誠信書房，1979年。
・ラター，M.（北見芳雄訳）『続 母親剥奪理論の功罪』誠信書房，1984年。
39　Rutter, M., et al., "Recovery and Deficit Following Profound Early Deprivation" In P. Selman (ed.) *Intercountry Adoption:Developments, Trends and Perspectives*, British Association for Adoption and Fostering (BAAF), 2000, pp.107-125.

第2項　1951年WHO報告書　第二部「母性的養育の喪失の防止」

第二部では，以下のような項目に分けて具体的内容が論じられている[40]。

- 家庭の意義
- 西欧社会における家庭崩壊の原因：とくに精神医学的要因について
- 家庭の崩壊の防止
- 嫡出でない子どもと母性的養育の喪失の問題
- 代用家族　Ⅰ：養子縁組
- 代用家族　Ⅱ：養育ホーム（boarding-home：現在の里親委託に相当）
- 集団保護
- 不適応児及び健康不良児の保護
- 児童保護事業の運営と研究上の問題

第二部において，ボウルビィは子どもにとって家庭という環境のもつ重要性を主張する。そして，子どもの養育に失敗した（またはそう疑われる）家庭の原因を慎重に検討すると，単に精神医学的技術だけでの解決は不可能で，さらに広範な知識をもったソーシャルワーカーの必要性が明らかになると指摘した。一方で，精神医学的知識の必要性も同時に指摘し，「むしろ今日まで，この原因の究明がおくれていたのは，精神医学的理解が不充分であったためだといってもさしつかえない」と主張した[41]。ここに児童福祉の領域で児童精神医学の果たすべき役割の一つが提示されており，また，ここに挙げられたような子どもの問題の解決のためには児童福祉の領域での専門家養成が必須であるとされ，ボウルビィはこれを実践していく。

また，ボウルビィは西欧社会における家庭崩壊の原因（特に精神医学的要因について）を分析し，「成人の人間関係能力の欠陥が幼児期におけ

40　ボウルビィ，前掲書，pp.59-156。
41　同上書，p.63。

る正常な家庭生活の喪失によって生じ……次の世代に対して，また良くない親になるといった社会的悪循環が繰り返されるこの悪循環こそが最大の問題である」[42]とまとめた。いわゆる虐待の世代間連鎖にも関連する指摘である。

さらに，子どもや家族の貧困問題との関連についても論じ，5歳あるいは3歳未満の子どもをもつ家庭に特別多額の扶養料を支給するなど具体的な提案もしている[43]。これに関連して，ボウルビィには「子どもの貧困と闘うグループ（Child Poverty Action Group：CPAG）」が実践家40名の連名で子どもの貧困問題について提言した「首相への手紙」[44]などに加わった，ソーシャルアクションとしての功績も挙げられる。山野[45]によれば，2008年が日本の「子どもの貧困発見元年」とされているが，英国においては1951年の時点ですでに指摘され，ボウルビィもその一人であったことは注目に値しよう[46]。

「虐待の世代間連鎖」「子ども，家庭の貧困問題」はまさに近年の日本において話題となっている問題であるが，60年前に社会的視点からこのような考察がなされ，この問題にかかわる専門家に共有され，対応が検討されたことが後の英国児童福祉の発展の基礎を築いたと考えられよう。

第二部において，ボウルビィは具体的な方法についても，社会医学的観点，予防医学的観点からの非常に先見性のある鋭い指摘をしている。

---

42 同上書，p.76。
43 同上書，pp.83-84。
44 浅井春夫・松本伊智朗・湯澤直美編『子どもの貧困——子ども時代のしあわせ平等のために』明石書店，2008年，p.25参照。松本によれば，意見書の内容としては貧困層の存在，貧困が子どもの健康や学業達成に負の影響を与える研究結果とともに，家族手当の増額をいくつかの場合に分けて試算した具体的な政策提案がなされており，実践家40人の連名で提出された。その中にボウルビィの名前があるという。
45 山野良一『子どもの最貧国・日本——学力・心身・社会におよぶ諸影響』光文社，2008年，p.272。
46 浅井他，前掲書，p.19参照。松本によれば，日本政府が公的な貧困測定を打ち切ったのは1965年であり，これは英米での「貧困の再発見」の時期に相当する。また，その後貧困研究と政策提言に大きな役割を果たすことになる運動団体である「子どもの貧困と闘うグループ（CPAG）」が設立されたのも1965年であるという。さらに松本は「日本で貧困への関心が低下していった時期は，他の先進工業国では逆に貧困への関心が再び高まった時期なのである」と指摘する。

ボウルビィは家庭崩壊防止のための手立てを，社会経済的，社会医療的項目に分けた上で，さらに直接的視点（個別具体的な対応などミクロレベル）と，長期的視点（社会システムとしての問題把握などマクロレベル）から，それぞれの対策を検討し提言する[47]。

　具体的には「直接的社会経済的援助」として政府が施設乳児たちに税投入するにもかかわらず，家庭で何とか子どもを養育している単親家庭などには支援しないことの矛盾を指摘し，予防的な経済的介入の必要性について述べている。さらにボウルビィは「喪失経験児に関する過去の研究は，家庭を改善して家族全体が生活をともにするように計画せず，むしろ簡単に子どもを他の場所で保護することを考えた。これは反省を要する重大な過失である」[48]とも指摘している。子どもを権利主体として，その最善の利益を追求する場合におのずと導かれる「当たり前」の結論ではあるが，多くの国でいまだ十分に実践されていないことを考えると，非常に重要な指摘であるといえる。

「直接的社会医療的援助」としては経済的には安定していても家庭内に身体的精神的疾患をもつ親がいる場合には，母子同伴で過ごせる保養所が適切であることを，すでに実施している施設の例も挙げながら述べている。「長期社会経済的改善」の提言としては先に挙げた貧困問題改善策を挙げている。「長期社会医療的改善」としては，身体医学における予防医学同様，精神衛生の重要性とその取り組みのための専門家教育の必要性を指摘した。

　さらに代用（代替）家族として養子縁組，養育ホームの適切な運用について具体的に述べながらも，子どもが代用家族の下に置かれている場合であっても，常に家族再統合を第一に考えながら，親，子ども双方へのケースワークが必要であることや，里親委託に適さない子どものための専門化した小規模治療施設の必要性についても述べている。里親委託に適する条件，適さない条件，また施設養護が適すると考えられる条件についても具体的に列挙されており，ここに述べられたことが，後に英

47　ボウルビィ，前掲書，pp.78-86。
48　同上書，p.63。

国で児童福祉にかかわる専門家たちの実践の基礎を据えたものと考えられる[49]。ボウルビィは第一部で当時の実証的研究の成果をまとめた上で、実践展開と施策策定に向けた数多くの具体的な示唆をこの第二部に込めたといえるであろう。

当時の児童福祉領域の実践や施策への具体的影響としては、乳幼児社会的養護への影響が挙げられる。ホルマンによれば、1948年児童法の基盤となったカーティス委員会は、当時保健上の必要性を理由に3歳未満児の入所保育施設の意義を認めていたが、ボウルビィは「乳幼児入所保育施設は乳幼児に十分な情緒的環境を提供できない」と反論した。その後、児童ケア業界はボウルビィを支持し、50年代までには内務省も児童部乳幼児入所保育施設を閉鎖し、乳幼児は里親委託するよう奨励していたという[50]。

また、社会経済的援助・改善については、ボウルビィによって重要事項として当初より指摘されていたものの、英国においてもその実践は難しく、ホルマンによれば「予防という考え方——児童を家族から引き離さなくてもよいように予防することや、一旦引き離してもすぐに家庭復帰させること——は萌芽期にあった。……予防という考え方は確かに存在してはいたが、実践されることはほとんどなかった」という。また、1948年児童法は児童を親許（おやもと）から引き離すこと、およびケア託置児童の処遇（選択肢）法に焦点を定めており、予防の問題は努力規定として示されているだけであった。その後、予防的志向はボウルビィの主張に支持され[51]、1963年児童青少年法第一条によって予防事業の位置づけが明確化された。これによって物品や金銭による支援のための予算も確保され、予防事業が推進されるようになったという[52]。

ホルマンは予防事業の目的を7つに整理[53]しているが、その中には「親許を離れて公的ケアへ導入されることを予防する」や「子どもが家族の

---

49 同上書、pp.96-125。
50 ホルマン、前掲書、pp.129-130。
51 同上書、pp.209-211。
52 同上書、pp.216-218。
53 同上書、p.228。

貧困から生じる不利益を被ることを予防する」などボウルビィが示した社会経済的援助・改善と同様の内容も含まれている。

さらに、当時のワーカーからは以下のような言葉も聞かれたという。

> 「児童は親許にいるべきだという感覚が常にありました。児童と家族のつながりを維持しなければならないと叩き込まれました。最も避けるべきことは児童のケア託置であるという文化が浸透していました。後の時代に登場してきた児童をすぐに安全な場所に移すという文化は存在していませんでした。」[54]

このようにボウルビィの研究成果に基づいた発言が社会的養護システムの変革、児童ソーシャルワーカーの実践に大きく影響していたと考えられるが、これについてはイエロリー（M. Yelloly）はじめ、さまざまな研究者からも指摘されている。

第3項　児童福祉専門家養成への貢献

ボウルビィは自身の研究により、ソーシャルワーカーの働きによる子どもと家族への影響の大きさに気づき、児童福祉分野のワーカーのために心理学的な理解とトレーニングのさらなる必要性を明確に示した。ボウルビィは既存の精神科ソーシャルワーカー養成課程（university mental health course）では不十分であるとして、タビストック・クリニック上級コースにおいては、精神力動的心理学の体系的習得を推し進め、特に幼少期の経験が成人後の人格形成に及ぼす影響について教授した。注意深くスーパーヴァイズされた実践を通して、ケースワークという関係に影響を与える無意識の要因について、より敏感になり理解できるようになることが受講者には望まれた[55]。

ボウルビィはこのソーシャルケースワーク研修課程の設立を通して、英国における指導的立場のソーシャルワーカーの輩出に寄与した。彼

54　同上書、p.238。
55　津崎（2003）、前掲書、pp.278-280とYelloly, M., et al., (1980), *op.cit.*, pp.79-81.

は，1951 年報告によって児童福祉，社会的養護の進むべき方向性を具体的に明示するとともに，それを学んで実際に現場で展開する人材の養成にも力を注いだのである。このことが英国のその後の児童福祉の発展に大きな影響を与えたと考えられる。

　以上，ボウルビィによる乳幼児のアタッチメントに関する調査研究の成果と，それをもとに提示されたさまざまな示唆が，当時の乳幼児社会的養護も含めて児童福祉の実践・施策に与えた影響について考察した。次章ではボウルビィの研究成果に引き続く他の研究者による重要な研究成果について整理しながら，特に近年の乳幼児社会的養護に関する研究が実践や施策とどのように協働していたのかについても検討する。

第3章
ボウルビィ以降の社会的養護に関する実証的研究

　ボウルビィは，1951年報告の中で，「『不良な家庭は良い施設にまさる』というセースやシモンセンの研究は決定的なものではない。要するに，どの程度不良な家庭か，また，どの程度良い施設かが問題である」[56]と述べている。社会的養護について施設養護と家庭養護のどちらがより適切かが問題にされることが多いが，この問題を考える際に非常に重要な指摘であろう。具体的に一人ひとりの子どもがどのようなケアを受けられているかということこそが重要といえるであろう。

第1節　ケア水準の高い施設での子どもへの影響についての調査研究

第1項　乳幼児期に施設養護を受けた子どもの長期予後に関するティザードの研究[57]

　ボウルビィの1951年報告以降，多くの実証的研究がなされた。その中でも，ケア水準の高い施設における子どもへの影響や，施設養護から家庭養護へ移行した子どもの経過，施設養護を経験していない対照群との比較などから，施設養護の何が問題であり，どのような影響があるのかについて明らかにすべく取り組まれた実証的研究としてティザード

56　ボウルビィ，前掲書，p.61。
57　Browne, K., et al. (2005a), *op.cit.*, pp.9–28を参考に，次の注58に挙げた原著論文を確認して以下記載。

(B. Tizard)（1970, 1975, 1978, 1989a, 1989b）[58]が挙げられる。

　これら一連の研究は，70年代の英国において，乳幼児期に高水準の施設養護を受けた子どもを縦断的に追跡調査したものである。先行研究との違いは，ケア水準の高い施設を選び，長期にわたってその影響をアタッチメントの問題，社会性，行動上の発達，認知機能の発達の領域で調査したことである。乳幼児期の施設養護は，その後のアタッチメントや対人社会性に影響しており，施設養護経験のない対照群との比較では，乳幼児期に施設養護経験をもつ子どもには行動や感情の問題がみられた。また，大人の注目を過剰に求めたり，仲間関係で問題を抱えるといった特徴も明らかにされた。さらに，家族関係について16歳時点での評価では，養子縁組された子どもでは一般家庭の子どもと変わらなかったが，実家庭に再統合された子どもは困難を抱えており，実家庭への再統合が必ずしも良好な結果につながらないことも確認された。子どもが家庭的環境に置かれることでそのまま良い結果がもたらされるものではないこと，つまり，子どもが実際にどのようなケアを受けられるかが重要であることが示されたといえるだろう。

　また，認知機能の発達については，1950～60年代の研究では施設のケア水準の低さもあり，乳幼児期に施設養護を受けた子どもの認知機能は大きく遅れ，その影響は引き続くものとされてきた。しかし，一連の研究結果からは，初期の研究にみられたように（施設養護は認知機能に），長期にわたる壊滅的な影響を与えるわけではないと結論づけられた。ただし，これについてはブラウン（Kevin Browne）らの報告書にある以下の指

58　Tizard, B., and Joseph, A., "Cognitive Development of Young Children in Residential Care: A Study of Children Aged 24 Months", *Journal of Child Psychology & Psychiatry,* 11 (3), 1970, pp.177–186.

・Tizard, B., and Rees, J., "The Effect of Early Institutional Rearing on the Behavior Problems and Affectional Relationships of Four-year-old Children", *Journal of Child Psychology & Psychiatry* 16 (1), 1975, pp.61–73.

・Tizard, B., and Hodges, J., "The Effect of Early Institutional Rearing on the Development of Eight Year Old Children", *Journal of Child Psychology & Psychiatry* 19 (2), 1978, pp.99–118.

・Hodges, J., and Tizard, B., "Social and Family Relationships of Ex-institutional Adolescents", *Journal of Child Psychology & Psychiatry* 30 (1), 1989a, pp.77–97.

・Hodges, J., and Tizard, B., "IQ and Behavioural Adjustment of Ex-institutional Adolescents", *Journal of Child Psychology & Psychiatry,* 30 (1), 1989b, pp.53–75.

摘[59]に留意する必要がある。この研究においては，施設ケアの水準が高かったこと。そして，施設に居続けた子どもも平均的知能を獲得していたが，最も高い知能を獲得し，その後12年間にわたって維持したのは生後4歳半までに養子縁組された子どもであり，4歳半以降に養子縁組された子どもでは同様の効果はみられなかったことである。ボウルビィが課題とした安全限界についての知見の一つがここに示されているといえる。

第2項　幼児期に初めて施設養護を受けた子どもの経過に関するヴォリアの研究

　ヴォリア（P. Vorria）（1998a, 1998b）[60]でも，ケア水準の高い施設での縦断的調査研究において，社会的関係性についての以下のような興味深い考察がなされている。それまでの研究は，生後最初の数年間の施設養護の影響についての調査であり，3～4歳で初めて入所した子どもへの影響についてはほとんど知見がなかった。ギリシャの施設グループケア（5～9人/1施設）を途中（3～4歳以降）から長期に（2年半以上）受けている，身体的に健康で，知的遅れのない9～11歳の男女の子どもを対象に，また，同じ学校に通う子どもを対照群として施設養護の影響を調査した。対象とした施設の特徴は，ケア水準が高く，ケア提供者の頻回な交代も（前述のティザードによる研究に比べて）少なかった。子どもの施設入所要件もそれまでの調査とは異なり，大半が学校からの距離が遠すぎる農家の子ども等で，入所前に悲惨な経験をしている子どもは少なかった（これによって純粋に施設での生活の影響をみようとした）。観察，インタビュー，質問紙を家人，先生，子ども本人に対して使用し，可能な限り客観的な評価がなされた。

59　Browne, K., et al.(2005a), *op.cit.*, p.21.
60　以下2つの論文から筆者が必要箇所を要約して本文に示した。
　・Vorria, P., et al., "A Comparative Study of Greek Children in Long-term Residential Group Care and in Two-parent Families: I. Social, Emotional, and Behavioural Differences", *Journal of Child Psychology & Psychiatry,* 39 (2), 1998a, pp.225-236.
　・Vorria, P., et al., "A Comparative Study of Greek Children in Long-term Residential Group Care and in Two-parent Families: II.Possible Mediating Mechanisms", *Journal of Child Psychology & Psychiatry,* 39 (2), 1998b, pp.237-245.

結果として，施設養護を受けた子どもには，情緒，行動上の問題が明らかに多く認められた。生後数年間は実親に育てられ，施設養護となってもケア提供者の頻回な交代がない状況でもみられた結果であり，乳児期のアタッチメント関係だけがその後の社会的関係性に影響しているわけではない可能性が示唆された。特に，仲間関係も重要であると考えられた。この研究結果は，乳幼児期のアタッチメントの問題だけではなく，社会的養護（施設養護，家庭養護にかかわらず）となってからの仲間関係にも十分留意する必要があることを示しているといえる。

第3項　サンクトペテルブルクー米国孤児院研究：施設養護の改善に関する研究

> 「『孤児院は発展させるべきものではなく，なくすべきであり，里親委託や養子縁組を促進すべき』と主張されることが多く，すべての子どもが家庭で育つべきという考えも非常に重要である。しかし，実際にはケアの質も高くなく，里親支援システムもなく，子どもの利益となっていない現実もみられる。養子縁組については他の国では文化的，経済的に受け入れ難い場合もある。たしかに里親委託が子どもにとって効果的であることを示す研究は多いが，すべての里親がそれを満たせるわけではない。国によっては今後数十年間，施設養護が残ることも考えられる。」[61]

　以上のような考えから，孤児院において子どもの発達と精神の健康を可能な限り支えることも重要であるとして，施設養護における子どもの発達に必要なものは何か，どうすれば子どもが不利益を被むらずにすむのか明らかにする目的で，サンクトペテルブルク市内での介入研究が米国研究チーム主導の下，実施された。

61　The St. Petersburg-USA Orphanage Research Team, "The Effects of Early Social-emotional and Relationship Experience on the Development of Young Orphanage Children", *Monographs of the Society for Research in Child Development*, 73 (3), 2008, pp.vii–295を参照。

研究の概要と結果は，以下のとおりである。
　1994年よりサンクトペテルブルク市内のケア水準の高い3つのベビーホーム（BH）で，介入研究が実施された。一つ目の BH ではスタッフに対する個別ケア向上のためのトレーニングのみ実施，2つ目の BH ではそれに加えて勤務体制などケア提供者と子どもの関係を支える構造改変（structural change）の介入も実施，3つ目の BH ではコントロール群として特に介入はしなかった。
　結果としては，スタッフに対する個別のトレーニングだけでなく施設自体の構造（システム）の改変も重要であることが明示された。また，対象とした施設は，いずれも医学的ケア，栄養，安全，衛生，玩具，その他さまざまな装置が整っている，虐待がないなどケア水準は高かったが，一方で社会的情緒的関係についての提供は限られたものであった。何も介入しなかった施設においては一般の家庭で育てられた子どもに比べて，身体的・行動的に遅れがみられた。介入についてはケア提供者との社会的，情緒的関係性，あたたかく敏感な反応に焦点が当てられ，子どもの発達が促された。
　これらのことから，施設養護では，子どもに敏感に反応し，一貫したケアを提供できるような社会的・情緒的環境が，子どもの発達にとって最低限必要なものであることが示された。また，施設でのケア水準向上にあたっては個々のスタッフのスキルアップだけでは不十分であり，個別のかかわり方の問題としてとらえるだけではなく，システムが抱える問題としてもとらえ，施設管理者も巻き込んで施設全体の価値観やルールが上記の必要なケアを提供できる環境となるように変えられることの必要性が明らかにされたといえる。「施設養護か家庭養護か」という問いの答えを求めるのではなく，「施設養護のどこが不適切なのか，また適正化のために何が必要か」という，より現実に即した，子どもの現在のニーズに応じようとする問いを立て直し，それを探求したところにこの研究の大きな意義があると考えられる。ここで得られた成果は 2013年ロシア連邦政府の法令草案「孤児と親のケアを受けられず施設で生活

する子どもへの対応について」にも取り入れられたという[62]。研究成果が施策策定に大きく影響したといえるであろう。

その後，この実践・研究で対象とされた社会的・情緒的関係のみが欠如した施設養護を受けていた子どもが地域の家庭に委託された場合の影響についての調査研究結果が，2014年に発表された。その概要は以下のとおりである[63]。

「施設から里親，養子縁組等，血縁関係のない家庭へ委託された子ども」と「施設から実親または親戚の家庭へ移行された子ども」を子どもの行動チェックリスト（CBCL/6-18）[64]で評価した。乳幼児期に社会的・情緒的関係のみ欠如した環境でのケアを受け，生後30か月前後で家庭でのケアに移行した子どもを6〜7歳ころに評価し，同地域で施設養護を経験しなかった子どもの評価結果との比較を行った。その際，CBCLの米国標準サンプルとの比較もなされた。

結果としては，施設養護を経験していない子どもと比べると，施設養護経験群には攻撃的行動が多くみられた。米国標準サンプルとの比較では，攻撃的行動，非行的行動，外向尺度，社会的問題が目立っていた（非行的行動については施設養護未経験群でも多くみられた）。

また，家庭養護への移行時期を生後18か月未満とそれ以上で分けてそれぞれの評価結果を比較すると，生後18か月未満で家庭養護となった群で，明らかに問題が少なかった[65]。また，施設養護から血縁関係のない家庭に委託された子どもと，血縁関係のある家庭に移行された子どもとでは，前者にみられる問題が少ない（米国標準サンプルとの比較で）と

---

62 Muhamedrahimov, R. J., Agarkova, V. V., Palmov, O. I., et al., "Behavior Problems in Children Transferred from a Socioemotionally Depriving Institution to St. Petersburg (Russian Federation) Families", *Infant Mental Health Journal*, 35 (2), 2014, p.119.
63 *Ibid.*, pp.111-122の必要部分を筆者が翻訳・要約して示した。
64 Children Behavior Checklist for Ages 6-18は，家庭での子どもの様子をよく知る親や養育者が評価者となって子どもの行動113項目について採点し，その結果で①ひきこもり・うつ，②不安・うつ，③身体的訴え，④社会性の問題，⑤思考の問題，⑥注意の問題，⑦非行的行動，⑧攻撃的行動のそれぞれの尺度で点数化され，さらに⑨内向尺度（①〜③の合計），⑩外向尺度（⑦⑧の合計），⑪総得点が算出される。
65 ERA研究では生後6か月がその境界として提示されているが，この差はデプリベーションの程度による差である可能性が論文中（p.114）に示唆されている。

いう結果が得られた[66]。つまり、乳幼児期に施設でのケアを経験し、社会的問題、非行的行動、攻撃的行動が多くみられるようになった子どもは、施設での生活がより長く、生後18か月を超えて家庭でのケアに移行したケースがほとんどであり、血縁関係のある家庭への移行では特にそのリスクが高まるようであった。

また、この論文の中では、乳幼児社会的養護施策の動向をふまえて、この研究成果を現実の問題解決にどう生かすべきかについて以下のように提言している。

近年、政府は政策として親のある子どもはその家族の下に置くことや、里親や親族による養護、養子縁組などの利用を進めることで施設数を減らしてきた。2005年には254か所のベビーホームに20,621人の子どもが生活していたが、2011年には218施設、16,296人へと減少している（里親等家庭養護は増加）。しかし、施設養護から家庭養護への大規模な移行は、施設での生活が長期化した子どもの家庭への適応に複雑な問題をもたらしており、多くの子どもが家庭から施設へ逆戻りしている現実があるという（2009年12%、2010年15%）。また、その多くは、施設での生活が長くなり4歳以降で家庭に移行した子どもである。施設での生活が長くなることで付加された行動上の問題やメンタルヘルスの問題を抱えた子どもを受け入れる準備ができておらず、家族は困難な問題に直面することになる。新たな家庭養護システムの改善が図られ専門的なサポートが得られるようになるまで、施設はそのような子どもにとって必要なケアを受ける場所としてあり続けるのかもしれないと結論づけている。

一方で養子縁組の状況は良好であり、施設への逆戻りは2010年で2%と少ない。その理由の一つとして、養子縁組の対象はより年少の子どもであり、したがって施設でのケア経験が少ないことが考えられると分析している。今後の家庭養護に必要なのは、子どもを引き受けるための十

---

66 施設養護から血縁関係のない家庭に委託された子どもと、血縁関係のある家庭に移行された子どもとを比較すると、養育者の最終学歴や収入では前者が有利な条件を備えており、後者は子どもが養育にあたって十分な支援を受けられないといった条件も影響していると考えられるとしている。

分な準備と，委託後に引き続き実施されるスーパーヴィジョンであり，特に生後18か月以降の子どもを委託される家族には注意が必要で，実の親や親族等血縁関係にある家族が子どもを引き取る際にもリスクは存在しており，このような家庭にも十分な準備とスーパーヴィジョンが必要であると注意を促している。

　脱施設化が推進される中で生じる困難について，それがどのように起こるのか，どう回避することができるのかについてきわめて興味深いコメントを多く含んだ論文であり，今後，家庭養護への移行を成し遂げようとする場合には，大いに参考とすべき結果であろう。

　また，先ほど挙げた研究成果の施策策定への影響が，家庭養護の増加と施設養護の減少というかたちで実践にまで波及したことも明らかである。さらに，研究成果を発端とする実践状況変化後の評価によって，さらなる改善の方向性が明確に示されている。研究・実践・施策の3つの歯車が連動しながら，社会的養護システムの再構築が進展していることは明白である。

第2節　ルーマニア孤児研究の展開——長期的大規模疫学研究の結果とその影響

　ルーマニアでは他の西欧諸国とは異なり，20世紀の後半に政府施策の一環として児童の入所型養護の利用を強力に推し進め，その結果入所型養護が増加した[67]。そして，中絶が非合法とされていた1980年代には著しい数の子どもたちが施設に措置されていた。また，貧困率が高く，家庭でのケアが困難になった場合には施設養護は避けられない選択肢として考えられていた。

　1989年のルーマニアにおける独裁政権の崩壊と，その際に西欧メディアが明らかにした孤児院で暮らす子どもたちの惨状は，各国市民に衝撃をもたらした。国際養子縁組をはじめとして，ルーマニア国内での里親支援システムの創設も含めて多くの人道的支援が慈善団体や研究機関，里親支援団体等によってなされた[68]。

67　コートニー他，前掲書，p.299。
68　National Authority for the Protection of Child's Right (NAPCR), *Child Welfare in Romania-the Story of a Reform Process*, 2006, pp.6–21を参照した。

一方で，ルーマニア政府は1989年11月20日子どもの権利条約に調印，批准した[69]。1990年9月に同条約は施行されたが，児童の主要な代替養護は施設入所であり，それに代わる選択肢は国内または国際養子縁組であった（国際養子縁組は1997年まで厳重には管理されず，2000年時点では3分の2が国際養子縁組であった）[70]。

　子どもの権利委員会は，1993年から批准国に行動計画を立てることを要求した。ルーマニアでは全国児童保護委員会が設置されたが，実質的な運用は児童と家族のニーズを満たすには程遠い状況であり，1997年にようやく本格的改革が始まった。

　EU加盟への付帯条件として「入所施設で養護されている10万人の児童の状況を改善すること」が付け加えられた[71]。その後，ルーマニアでは改革の結果，2000〜2003年に入所施設に代わる多くの公的サービスが5倍近く増加し，家族統合サービス，保育所，青年サービス，家族型入所施設，入所施設を退所した成年へのサービスが提供されるようになったという[72]。

　このように，施策面からの大きな後押しも受けて進められた外国の支援チームによる大規模な実証的研究がいくつかあるが，その中でも，英国のラターらを中心とするイギリス・ルーマニア養子研究（ERA研究）[73]

69　コートニー他，前掲書，p.95。
70　同上書，p.100。
71　同上書，p.97。
72　同上書，p.312。
73　ERA研究については以下の文献を参照してまとめた。
　・Rutter, M., and The English and Romanian Adoptees (ERA) Study Team, "Developmental Catch-up, and Deficit, Following Adoption After Severe Global Early Privation", *Journal of Child Psychology & Psychiatry*, 39 (4), 1998, pp.465–476.
　・Rutter, M., Andersen-Wood, L., Beckett, C., et al., The English and Romanian Adoptees (ERA) Study Team, " Quasi-autistic Patterns Following Severe Early Global Privation", *Journal of Child Psychology & Psychiatry*, 40 (4), 1999, pp.537–549.
　・Rutter, M., Kreppner, J., Croft, C., et al., "Early Adolescent Outcomes for Institutionally Deprived and Non-deprived Adoptees III: Quasi-autism", *Journal of Child Psychology & Psychiatry*, 48 (12), 2007, pp.1200–1207.
　・Rutter, M., Beckett, C., Castle, J., et al., "Effects of Profound Early Institutional Deprivation: an Overview of Findings From a UK Longitudinal Study of Romanian Adoptees", G. M. Wrobel & E. Neil (eds.), *International Advances in Adoption Research for Practice*, Wiley-Blackwell, 2009a, pp.147–168.

と米国のネルソン（Charles A. Nelson），ジーナ（Charles H. Zeanah），フォックス（Nathan A. Fox）らを中心とするブカレスト早期介入プロジェクト（The Bucharest Early Intervention Project〔BEIP〕）[74]といった大規模な調査研究のもたらした結果は，社会的養護が乳幼児期の子どもの発達に与えるさまざまな影響を明らかにしつつある。これらの結果はボウルビィの 1951 年報告から続く研究成果にさらなる知見を加え，新たな実践や研究，施策の展開につながっていく。

第 1 項　ERA 研究[75]の成果

　英国は，国際養子縁組の形でルーマニアの子どもを自国に受け入れた。ラターを中心とした研究チームが 1992 年からその後の状況について，長期にわたり追跡調査を実施し，幼少期の大規模施設での生活が与える子どもの心身への影響が明らかにされた。以下に ERA 研究についての概要をまとめてみよう。

　この研究は英国保健省からの依頼で開始された。対象となったのは，1990 年 2 月から 1992 年 9 月の間にルーマニアからイングランドの家庭に（合法的に）養子縁組された子どもたちで，英国入国時には生後 42 か月以下であった。年齢と性別について無作為にサンプルが収集され，実際に対象とされた養子サンプルは全体で 165 人，うち 144 人は施設で育

74　BEIP については以下の文献を参照してまとめた。
・Zeanah, C., Nelson, C., Fox, N., et al., "Designing Research to Study the Effects of Institutionalization on Brain and Behavioral Development:The Bucharest Early Intervention Project", *Development and Psychopathology*, 15 (4), 2003, pp.885–907.
・Nelson, C., Zeanah, C., Fox, N., et al., " Cognitive Recovery in Socially Deprived Young Children: The Bucharest Early Intervention Project", *Science*, 318 (no.5858), 2007, pp.1937–1940.
・Fox, N., Almas, A., Degnan, K., et al., "The Effects of Severe Psychosocial Deprivation and Foster Care Intervention on Cognitive Development at 8 Years of Age: Findings from the BEIP", *Journal of Child Psychology & Psychiatry*, 52 (9), 2011, pp.919–928.
75　ラター，M. 他，(上鹿渡和宏訳)『イギリス・ルーマニア養子研究から社会的養護への示唆——施設から養子縁組された子どもに関する質問』福村出版，2012 年を参照。本書は乳幼児の社会的養護に関する縦断的実証研究の成果をケア提供実践家やソーシャルワーカー，施策策定者，研究者等に還元するために書かれ，英国養子縁組里親機関協会（BAAF）から出版されたものである。わが国においては科学的根拠に基づく研究成果が社会的養護の実践に生かされるということは少なく，今後わが国での実証的研究が実施されデータが蓄積されるまでは大いに参考となる文献であると筆者は考えている。

てられた子どもであった。この研究においては，施設でのケアが少なくとも生後6か月まで続いた98人の子どもに，特に焦点が当てられた。生後6か月を超えて施設養護を経験していた98人と施設養護経験が生後6か月未満であった46人，そしてルーマニア出身ではあるが施設養護経験のない21人の3グループを6歳，11歳，15歳で評価した[76]。

この研究では，施設でのデプリベーション（剥奪，Institutional deprivation）の影響が調査されているものの，「ケア提供者の頻繁な交替と子どもが当然しているべき経験の欠如」がこの研究における施設養護の本質的特徴であると指摘された[77]。

結果として，以下4つの傾向が施設でのデプリベーションの影響として挙げられている。

①疑似自閉症（Quasi-autism）：自閉症様の特徴がみられるが，4～6歳で弱まる。社会性の程度，コミュニケーションにおける自発性と柔軟性の程度の点で自閉症とは異なる。
②脱抑制型アタッチメント（Disinhibited attachment）：慣れない大人への不適切な接近，見知らぬ人に対する警戒心の欠如，不慣れな場面でもケア提供者を頼りにしない。
③不注意・過活動（Inattention/Overactivity）：ADHDと多くの類似性あり。
④認知機能障害（Cognitive impairment）[78]

また，生後半年までに個別ケアに移行することが特に重要とされたが，

76　同上書，pp.15-18.
77　同上書，pp.29-30。p.15には当時のルーマニア孤児院の状況が以下のように記載されている。「ほとんどの場合，子どもたちはベビーベッドに閉じ込められていることが多く，玩具や遊具もほとんどなく，時には全くないこともあった。また，ケア提供者からの話しかけもほとんどなく，個別のケアは全くなされず，乳首に大きく穴を開けた哺乳瓶を使い，さらにたいていはケア提供者が誰もつかずに哺乳瓶は立て掛けられた状態で薄い粥の食事が子どもに与えられていた。そして，施設によって異なるが，時に残酷ともいえる物理的環境がみられた。例えば，子どもはしばしばホースの冷たい水で洗われていた。」
78　同上書，pp.33-36参照。

個別ケア移行後も数年間は改善が続き，回復のプロセスは従来考えられているよりも長いとの指摘もなされている。上記4つの傾向は，それぞれ顕著な変化をみせながらも，15歳まではある程度その特徴がみられたという[79]。

ERA研究は，すべての施設養護について語ったものではない。対象は全般的デプリベーションがみられたルーマニアの孤児院であり，そこでの乳幼児期の生活が子どもの発達に与えるさまざまな影響を明らかにした研究である。したがって，その解釈・一般化には慎重さが求められる。

ERA研究は心理社会的経験の欠如のもつ意味についても重要な示唆を残している。生後6か月を超えて施設でのデプリベーションが続いた場合，たとえ低栄養状態になくても心理社会的経験の欠如により脳の発達に大きな影響が出ることが確認されており[80]，心理社会的経験剥奪の生物学的影響の可能性を示しているとされた。また，施設内での身体的虐待や性的虐待等の影響も考えなければならないものの，心理社会的経験の欠如の影響の大きさもそれらに劣らないものであるとされ，「施設でのデプリベーションが家庭的状況での剥奪，ストレス，困難と最も異なる点は，施設における子どもたちの重要な経験の不足・欠如（lack）にあります。……私たちが見出した通常とは異なる施設でのデプリベーションに特異的な傾向と関係があるのは，おそらくこの重要な経験の不足・欠如です。」とのコメントもみられる[81]。「あるべきものがないこと」（Neglect）は，「あってはならないことがあること」（Abuse）と同様，大きなダメージを与えうるということであろう。

一方，ERA研究は「国際養子縁組」という問題を背負い続けていることにも留意する必要がある。ERA研究開始当初はルーマニア国内に他の代替養護が存在しなかったこともあり，国際養子縁組も子どもの最善の利益を保障する方法の一つと考えられたが，次に挙げる米国の研究においては，当時ルーマニア国内になかった里親養育システムを新しく

79　同上書，pp.38-43。
80　同上書，pp.31-32。
81　同上書，pp.29-30。

立ち上げた上で研究を進めるといった方法がとられたことを付け加えたい。両研究とも、単に研究成果を求めるための研究、つまり、研究の歯車が単独で回転するような研究ではなく、実践や施策の歯車としっかりと連動しつつ展開され、最も過酷な状況に置かれた子ども（しかも他国）の最善の利益を追求しながら実践された研究であるといえる。

第2項　BEIPの成果

　米国のネルソン、ジーナ、フォックスらを中心とするBEIPでは、劣悪な環境にあったルーマニア孤児院の子どもをその惨状から救うべく、ルーマニア国内での里親養育システムを里親支援システムまで含めて創設し、その介入の効果と施設養護による幼少期の子どもの発達への影響について、長期にわたる調査を実施している。身体、言語、社会性、認知機能、アタッチメント、脳機能、精神保健に関する問題等さまざまな領域での子どもの発達への影響が調査された。

　ルーマニアの施設に入所中の生後6〜31か月の子ども136人を初期評価の後、68人はそのまま施設養護継続とし、68人はフォスターケアへ移行した。さらに施設養護経験のない72人の性別と年齢をマッチさせた対照群を設定して9、30、42、54か月、8歳時点でフォローした。この領域の調査研究としては最初の無作為化比較試験（Randomized Controlled Trial: RCT）であり、その結果の信頼性は高いものであった[82]。

　結果として、特に認知機能については、ルーマニアにおける大規模施設養護を受けた子どもの知的な遅れが明らかにされた。また施設養護から里親養育へ移行となった子どもに明らかな認知機能の回復がみられ、2歳までに里親養育（里親支援システムあり）が開始されるとその効果は最大となる（里親委託開始が早ければ早いほど結果は良好となる）ことも

82　RCTにかかわる倫理的問題が審査会で議論されたが、次のような経緯や手続きにより解決されたとしている。この研究はルーマニア政府の招きにより開始されたが、研究開始当初ブカレストには有効な里親制度は存在せず、新たなシステムを創出しなければならず、それゆえ無作為割り付けも可能であった。また、この研究で創出された里親養育の水準はきわめて高く、一度里親委託となった子どもが施設養護に戻されることはなかった。さらに、施設での生活継続とされた子どもで研究開始後にルーマニア政府が管理する里親に移行、または実家族のもとへ戻る機会を得た子どもについては、それを妨げずそのとおりとした。

示された。

　この結果は，ルーマニア国内の社会的養護に関する法律改正（2005年新児童法）でも参考にされ，2歳未満の乳幼児は施設入所を認めず，緊急養育里親に委託されることになるなど，乳幼児の社会的養護の枠組み（施策と実践）に大きな影響を与えたともいわれる。

　この研究においては認知機能以外にも多くの結果が実証的データを基に示されている[83]。その上で結論として，乳幼児の社会的養護については施設養護から家庭養護へのできるだけ早期の移行が望ましいとする考えが述べられている。ただ，ここで注意すべきは移行先となる家庭養護（この研究の中では里親養育）で提供されるケアの質である。この研究においては，ルーマニア国内で里親支援体制を確実に整えた上で里親委託としていることに留意する必要がある。BEIPで施設よりも里親が適切という結論が示されたことの背景に，「放任された施設養護」と「十分に考えられ，外部からの支援も継続的に受けることのできた里親養育」との比較という実情があったことを見逃してはならない。具体的に用意された里親支援については以下のような説明がある[84]。

　　「里親養育については当初ルーマニア国内にはシステムが確立されておらず，そのシステム作りがこの調査研究と同時に進められた。里親にはフルタイムで給与が支払われた。68人の子ども（6～

---

[83] ネルソン，C.，フォックス，N.，ジーナ，C.「チャウシェスクの子どもたち　育児環境と発達障害」『心の成長と脳科学（別冊日経サイエンス193）』日経サイエンス編集部，2013年，pp.114-119参照。前出のERAに比べてBEIPの成果の全容がわが国で紹介される機会はこれまでほとんどなかったと思われるが，ここにその研究成果の概要が紹介されている。そのいくつかを取り上げると，施設養護の精神面の健康状態について，施設に居続けた子どもは4歳半までに53%が精神科的診断を受けており，途中で里親委託となった子どもや施設での生活経験のない子どもでは20%であったのと大きな差が確認されている。また里親委託によって子どもの不安とうつ状態には改善がみられたものの，ADHDと素行障害には影響しなかったという。里親との間にしっかりとした愛着が築かれている子どもほど症状改善の可能性が高まることが確認されたという。さらに，脳波検査上も施設から里親委託となることで改善がみられ，染色体上の比較でも差異が確認され，乳幼児期の施設養護がもたらす生物学的な損傷についても確認されたことがまとめられている。

[84] Supporting Online Material for Cognitve Recovery in Socially Deprived Young Children: The Bucharest Early Intervention Project, pp.21-22.（www.sciencemag.org/cgi/content/full/318/5858/1937/DC1）

31 か月）のために56人の里親家庭が準備された。里親の学歴は高校卒業以上（うち63％は職業訓練校や大学卒業）であった。里親の社会的背景等のチェックも念入りになされ、米国の里親トレーニングマニュアルと同様のマニュアルを用いてのトレーニングも実施された。子どものケア移行にも十分に配慮し、施設で生活する子どもに里親が会いに行くことから準備が進められた。さらに里親委託開始後もプロジェクトソーシャルワーカーによる支援と評価が継続された。開始後数か月は毎週ソーシャルワーカーが訪問し、その後2週に1度、月に1度の訪問が継続された。また、サポートグループも組織され、これらは子どもの里親家庭への移行が順調に進展するように考えられたものであった。米国の経験豊富な臨床家によるルーマニアチーム（ソーシャルワーカー）へのコンサルテーションのもとで継続された。コンサルテーションはインターネットや電話を利用して実施され、それに加えて最初の3年間は米国の専門家、臨床家が年に4回首都ブカレストを訪問して継続された。これらのコンサルテーションやスーパーヴィジョンを通してルーマニアのソーシャルワーカーは自分たちの経験を理解し、さまざまな介入アプローチを身につけた。里親が養子縁組するケースもいくつかみられ、委託困難となったのは2ケースのみで、一つは里親の休止、もう一つは里親が精神疾患を発症したことによるものであった。」

以上の説明からも、この研究においては単に施設で生活していた子どもを退所させたのではなく、責任をもってその時点での最善の養育環境を提供すべく最大限の努力が払われていたことは明白であり、研究成果の多くはシステム創出とその成功によるのではないかと筆者は考えている[85]。つまり、里親候補を選択しトレーニングを実施、その後も継続的な支援を確保した里親養育システムを作り、それにかかわるソーシャルワーカーの専門性も高めながら里親委託群として設定したことで、

85　ボウルビィがさまざまな具体的提言に加えて、それを現場で実践するソーシャルワーカーの養成に力を注いだこととも重なる取り組みである。

BEIP の成果が明確に示されたのだと思われる。施設と里親といってもそのケア水準はさまざまであり，この場合は最低水準の施設（孤児院）と高水準の里親を比較したかたちになったのではないだろうか。このことは次に挙げる 2014 年報告の論文[86]によっても補足できる。

　BEIP で用意された高水準のケアを提供できる里親に委託された子どもと，研究開始当初はなかったが途中から政府によって運用が開始された里親（ケア水準は高くない）に委託された子どもで，精神科的問題の表れ（うつや不安障害，恐怖症，PTSD など「内在化障害」，反抗挑戦性障害，素行障害など「外在化障害」，そして「ADHD」）にどのような違いがみられるかを探る調査研究が実施された。施設養護経験をもつ子どもが里親委託されるにあたって，そのケアの質の重要性を明らかにした研究だが，BEIP で用意された里親については上述のとおりである。一方，ルーマニア政府が管理する里親については，そもそも共産主義時代に大学教育でクリニカルサイコロジストやソーシャルワーカーの養成が禁じられていたこともあってその数が不足しており，自治体当局が里親に対して必要なトレーニングやサポートを提供することは難しい状況にあった。その結果，里親は施設養護の影響による子どものさまざまな問題行動に対応するための知識もサポートも限られたものしか得られず，子どもに対する効果的で適切な対応は困難であったと思われる。

　結果として，ADHD 徴候については両者の差は明らかであったが，外在化障害の徴候についてははっきりした差はみられなかったという。この理由ははっきりしないものの，反抗挑戦性障害や素行障害といった最も困難な問題に対応するには今回のような高水準ケアでもまだ不十分であり，さらに個別の介入やシステマティックな支援があって初めて改善する問題であったのかもしれないと分析されている。また，特に高水準の里親に委託された女児において，政府管理の里親に委託された場合に比較して，内在化障害と ADHD 徴候がみられることは少なかったとし，この男女差は女児における里母との安定的な愛着関係の築きやすさ

86　Tibu, F., Humphreys, K., Fox, N., et al., "Psychopathology in Young Children in Two Types of Foster Care Following Institutional Rearing", *Infant Mental Health Journal*, 35 (2), 2014, pp.123-131.

にその要因があるとみられると論じられている。

このように，サポートやトレーニングが不十分な政府管理の里親と比較して，それらを充実させた高水準ケアの里親でより良好な結果が得られた要因については，次のように考察されている。BEIP で準備された里親はとりわけ子どもとの一対一の愛着関係を重視し，自分の子どものように接するよう促される。一方，政府管理の里親は「将来の別れがつらくなる」と愛着関係を形成することを避ける傾向がみられたようである。他には，政府管理の里親についてはソーシャルワーカーによる里親訪問も月に一度だけであったり，24 時間相談やサポートグループも用意されていなかったり等，サポート体制が不十分であったこと，そしてサポート体制を維持するソーシャルワーカーへの教育支援体制もなかったことが子どもへの影響として表れたのではないかと考えられている。

乳幼児社会的養護における世界的な脱施設化への動きの中で，施設養護を経て里親委託となる子どもが今後増えてくることが予想されるが，その際に，どのようなケアを提供できる里親に委託されるのかということの重要性を強く示唆する研究結果である。

BEIP は外国の研究者が中心となって，ルーマニア国内の研究・実践・施策の歯車個々の不足部分を補いつつ，そのかみ合わせを調整して展開された非常に貴重な取り組みであったといえるだろう。

第3節　乳幼児社会的養護研究の現在

第1項　調査研究・実践展開・施策策定の協働の重要性

Infant Mental Health Journal の 2014 年 3-4 月号は，「危機に瀕した乳幼児，子どものケアにおける国際的研究，実践，施策について」と題した特集号であった[87]。第4章第2節で取り上げるデンマークのライガード（Niels Peter Rygaard）もこの特集の編者であり，世界乳幼児精神保健学

---

87 McCall, R., Groark, C., Rygaard, N., "Global Research, Practice, and Policy Issues on the Care of Infants and Young Children at Risk: The Articles in Context", *Infant Mental Health Journal*, 35 (2), 2014, pp.87-93.

会の学会誌でこのテーマが主たる話題として取り上げられたことに注目したい。ルーマニア孤児問題へのさまざまな介入（実践，研究）によって集積されてきた多くの知見と，その際に必要とされた研究者，実践者，施策策定者の緊密な連携の経験から，現在は親と生活できない世界中の乳幼児に目が向けられるようになっており，それぞれの国での実践や研究から得られた知見が，国を越えて活動する NGO や研究者からの報告によって，家庭養護への移行を検討している多くの国に共有され始めている。

　この特集号では，世界各国から十におよぶ実践や研究が紹介されている。イントロダクションではこれらを「施設養護の下に置かれた子どもについての研究」「革新的なケアプログラム」「児童福祉施策」の3つに分けて，それぞれの概要を示している。表題ともなっている「研究」「実践」「施策」という観点からこれらの論文が集められたことがわかる。既述のサンクトペテルブルク－米国孤児院研究や ERA 研究，そして BEIP の内容をみても明らかであるが，乳幼児社会的養護の問題の解決のためには研究・実践・施策の3つの歯車の連動が不可欠であり，問題解決に向けてこの3つの歯車のうちどれが最初に動き始めるにしても，最終的にはすべてがかみ合って連動しなければ問題の解決には至らないと思われる。この特集号の編集方針にもそのような考えが見て取れるのではないだろうか。

「研究」としては，全般的デプリベーションがみられるカザフスタンの施設でのケアの子どもへの影響に関する報告や，タンザニアの施設における施設内虐待に関する報告，そして本章第1節第3項で取り上げたサンクトペテルブルクでの施設から家庭でのケアへ移行した子どもの評価と，BEIP における施設養護からケア水準の異なる里親養育へ移行した子どもの評価についての報告が挙げられている。

「実践」としては，全般的デプリベーション（かつてのルーマニア孤児院と同水準）がみられていたネパールやウガンダの施設での包括的な取り組みについての報告が挙げられている。ウガンダでの取り組みについては，英国にある The Child's I Foundation という 2012 年設立の NGO が中心となり，ソーシャルワークの充実によって子どもを孤児院に送らないよう

にする(または短期間のみ孤児院を利用する)という取り組みが成功を収めているようである。さらに、何か国にもわたってプログラムを展開している実践例として、本書第4章第2節で詳しく取り上げるフェアスタートグローバルの取り組みや、福岡にも支部があるSOS子どもの村インターナショナル (SOS Children's Villages International) の取り組み、そして英国に本部を置き日本にもその拠点をもつコア・アセッツ (Core Assets) による高水準の里親システム[88]普及の取り組み等が挙げられている。

さらに、「施策」として、この問題の解決にあたっては、すでに挙げたNGO等の働きによるボトムアップ方式の取り組みだけでなく、トップダウン方式での取り組みもあるとして、ロシアでの成功例と、最近の成功例としてジョージア (Georgia) での取り組みについての報告を挙げている。同国は、EUやユニセフからの経済的支援やセーブ・ザ・チルドレンなどのNGOからのさまざまな支援を受けて、2005年から2013年の間に大規模施設36か所を閉鎖し、里親委託71%、小規模グループホーム委託21%、施設委託8%とするケアシステムの移行に成功したという。政府のリーダーシップもあり、ソーシャルワーカーの養成や家族再統合、里親だけではなく小規模グループホームを計画的に配置するなど包括的な取り組みが成功の背景にある。また、子どもが安易に社会的養護とされてしまうことを防ぐ(ゲートキーピング)ための施策も取られており、これまでの脱施設化における各国の知見を生かしながら、多くの関係者の協働により成し遂げられたモデルケースといえる。

この特集で集められた報告から得られる示唆として、以下の5つが示されている。

①政府・自治体当局と施設管理者は変化は必要とされていることに気づき、それは可能であることを確信する必要があり、それを達成するための擁護者となって職員を導かなければならない。

---

88 コア・アセッツの里親による治療的ケアのモデルであるチームペアレンティング (Team Parenting) については、Caw, J., Sebba, J., *Team Parenting for Children in Foster Care*, Jessica Kingsley, 2014に詳細が記載されている。

②トレーニングのためには予算が必要だが、子どもに対する職員の態度を変えるには多くの予算は必要ではない。

③基本的な食事栄養、衛生環境、安全、医療的ケアは必須だが、子どもの発達にとって特に重要なのは養育者と子どもの相互交流である。

④変化を生み出しトレーニングを進めていくことに職員を巻き込むことで職員からの抵抗は少なくなり、ともにそのプロセスを進めていくことが容易になる。

⑤「施設か里親か」などケアの形式にこだわるよりも、ケアの内容、その水準の向上がより重要である。

本章第1節では、ケア水準の高い施設における養育が子どもの発達に与える影響を、第2節では、ケア水準が著しく低い施設でのケアから家庭養護（養子縁組、里親）への移行によって見いだされた子どもへのさまざまな影響と、それらの研究成果が実践や施策に与えた影響について確認した。そして、第3節では、研究と実践そして施策の協働の中で国を越えた脱施設化への動きの広がりを確認した。これらの研究から得られた知見や実践で深められた経験をもとに、乳幼児社会的養護における家庭養護への移行を実践する（または実践しようとする）国が増えつつある中、家庭養護そのもののケア水準向上についての問題が議論されるようになっている。

次節では、家庭養護が子どもにとって最善の利益であり続けるために必要なことは何かについて、すでに乳幼児社会的養護において家庭養護が実現されている英国のケア水準維持向上に関する研究を中心に検討する。

第4節　家庭養護におけるケア水準維持向上を目指す研究

第1項　英国におけるさまざまな施策

ここでは主に、家庭養護を子どもにとっての最善の利益をもたらす場とするための英国の研究をみていく。英国における研究・実践は1998年以降続けて打ち出された社会的養護や児童福祉に関する諸施策の影響を受けて方向づけられていると考えられる部分も多く、すでに述べてき

た研究・実践・施策の協働を具体的に確認することができる。津崎は，なぜ英国において社会的養護の現代化が成しえたかという問いに対してホルマンの言葉を引用し，「戦後一貫して社会的共同親という施策理念の実現を現実の社会的養護に適用し，種々の創意工夫を半世紀以上行ってきた」結果であると答えている[89]。この中にある「種々の創意工夫」を創出し支えてきたものが，本章で取り上げてきたような実証的研究の成果であったのではないかと筆者は考えている。実践における工夫が確実な成果をもたらすよう，子どもの最善の利益を求めるという方向を間違えず，先に進むために必要とされたのが実証的研究であったと考えられる。その具体例を以下に述べるが，諸施策との関連を理解しやすくするために，まずはその概要を継時的に示しておこう[90]。

① 1998年クオリティ・プロテクツ（QP）計画：1998年白書『社会福祉現代化』（Modernising Social Services）の中で，社会的養護児童とケアリーヴァーが社会的排除人口となっている事実が明らかにされたことをふまえて，政府が着手した社会的養護改革のための計画。社会福祉現代化予算の約3割が5年間投入され，自治体には迅速な改革が課されたという。社会的養護児童に関連しては特に委託養護の安定と子どもの健康，そして学業成績の向上が目指された。

② 2002年チョイス・プロテクツ（CP）計画：社会的養護児童の委託先選択と委託先での安全性の向上が目指された。そして社会的養護児童のライフチャンス改善に向けたさまざまな施策は，QPとCPから次に挙げるエヴリ・チャイルド・マターズ計画に引き継がれていく。

③ 2004年エヴリ・チャイルド・マターズ（ECM）計画と2004年児童法：それまでの施策が効果をみせ始めた2000年に発生した児童虐待死事件をきっかけに，この事件の調査と虐待防止のためのさまざまな改革

---

89 津崎哲雄著『英国の社会的養護の歴史――子どもの最善の利益を保障する理念・施策の現代化のために』明石書店，2013年，p.7.
90 同上書，pp.280-284とBachman, K., Blackeby, K., Bengo, C., et al., *Fostering Changes : How to Improve Relationships and Manage Difficult Behaviour, Second edition*, BAAF, 2011, pp.9-10の記載をもとに筆者が必要部分を翻訳・要約して示した。

が実施された。計画名が示すとおり、すべての子どもに5つのアウトカムズ（健康であること、安全が保障されること、享受と達成、積極的貢献、経済的福祉達成）の必要性が強調された。

④2007年ケア・マターズ（CM）改革と2008年児童青少年法：QPから続く10年にわたる改善努力では不十分という認識の下、新法が制定され質の高い社会的養護・支援を提供する体制が確立された。対象児童のニーズに焦点化した支援提供法の改善策導入を想定し、特に学力達成向上と学校生活の改善,養護委託の安定性向上,養育者のためのトレーニングやサポートのレベルアップが目指された。

ケア・マターズ[91]の中で、里親のケア水準維持のための里親トレーニングやサポートの必要性が説かれているが、この示唆自体が現状として不十分であることを示しているともいえるであろう。ブラウン（Helen Cosis Brown）は著書の中で、これまでの里親トレーニングやサポートの効果に関するさまざまな研究結果を吟味し、以下のようにまとめている[92]。里親認定前トレーニングとしてはThe Skills to Foster[93]という一貫性のあるトレーニングプログラムが評価の定まったものとして存在す

---

91 DfES, *Care Matters: Time for Change*, 2007, p.50に「里親が委託児童の発達に必要とされる適切な支援を提供できるように、里親には効果的なトレーニングやサポートが提供されなければならない」との記載がある。
92 Brown, H. C., *Post-Qualifying Social Work Practice–Social Work and Foster Care*, SAGE, 2013, pp.97–99の内容を筆者が翻訳・要約して示した。
93 Bengo, C., Blackeby, K., Lawson, D., et al., *The Skills to Foster Leaders' Guide*, The Fostering Network, 2014はこのプログラムを実施するためのマニュアルであるが、2003年の初版から改訂を重ね2014年に第3版が刊行されている。プログラムは以下7つのセッションから構成されている。①What do foster carers do?, ②Identity and life chances, ③Working with others, ④Understanding and caring for children, ⑤Safer caring, ⑥Transitions, ⑦My family fosters。⑦は里親家庭の実子のためのセッションである。また各セッションの中で、もともと子どもを知っている大人（友人や親戚など）が里親となる場合の配慮について、一般の里親とは異なる経緯があり準備期間も短い場合が多いことを考慮し、それぞれのセッションで追加の記載がみられる。各セッションでの資料や実施事項等は構造化されており、このマニュアルを一見するだけでも一貫性のある研修の実施が可能であることがわかる。ちなみに、このマニュアルの分担著者（セッション1〜4）となっているベンゴ（C. Bengo）とブラッケビィ（K. Blackeby）は、第4章で詳細を述べるフォスタリングチェンジ・プログラムの作成、実施においても重要な役割を担っており、里親認定前と委託後のトレーニングプログラム両方にかかわっていることを付記しておく。

る。一方で，委託後の里親に対するトレーニングの問題点としては，一貫性があるというよりは，特定のトピックスについて概論的な内容であることがほとんどであることが挙げられている。里親トレーニングが里親のケアの質を向上させるという結果はほとんど出ていないという研究もあり，今後プログラムごとに内容や過程，成果について評価し明らかにするような研究も必要とされているとした。そして，その評価の際に重要なことは，里親が満足したり，良かったと思ったりするプログラムが必ずしも子どもに成果をもたらすものとなっていないことがあるという事実だという。

　このような評価を経て，子どもへのケアと子ども自身にも良い効果が認められたトレーニングプログラムとして，フォスタリングチェンジ（Fostering Changes[94]）・プログラムと多次元治療里親委託（Multidimensional Treatment Foster Care：MTFC）が挙げられている。政府からも認められ，フォスタリングチェンジ・プログラム実施地域の拡大やMTFCのパイロット事業には予算も配分されたという。これら2つのプログラム実践の詳細については第4章で述べることとし，続く第2項と第3項ではそれぞれを評価した研究をみておこう。

第2項　フォスタリングチェンジ・プログラムの評価研究

　フォスタリングチェンジ・プログラムは，ロンドンにあるモーズレイ病院の養子縁組・里親養育のナショナルチームが，児童青年の精神保健にかかわる多職種チームとして多くのケースにかかわる中で，里親から長年聞かされてきた「ソーシャルワーカーは気持ちを支えてくれるが，毎日の子どもとのかかわりの中でどうしたら良いのかについては，必ずしも具体的な助言をしてくれるわけではない」という悩みに応えようとするものであった。1998年に政府から発表されたクオリティ・プロテクツによって社会的養護児童の養護委託安定化，ケア水準の改善を目指す方向性が明確に示される中，1999年にアタッチメント理論，社会的

94　FosteringとはFoster careと同義で，里親（委託）での養護のこと。

学習理論，認知行動療法に基づいて，またペアレントトレーニングの考えも取り入れて開発された。その後，現場での実践を経て評価研究が実施され，2002年[95]と2006年[96]に，以下のように報告されている。

2002年の報告では，養育者と子ども間の相互交流，子どもの困難性，養育者が最も困難と感じる子どもの問題行動，子どもの情緒的兆候の著明な改善がみられ，養育者の自信回復にも効果があったという結果が示されている。また，2006年の報告では，プログラムの影響としては養育者ストレスの軽減だけでなく子どもの行動自体にも良い影響が確認され，特に効果が大きかったのは養育者が最も困難ととらえている子どもの問題行動の改善であったという。一方で，これらの結果は時間経過による部分的なものである可能性もあり，他のバイアスも取り除くため，このプログラムを受けない比較対象群を設定した無作為化比較試験（RCT）の実施が，このプログラムの効果を実証するためにいずれ必要になると考えられた。

このプログラムの最初のマニュアルは2005年に英国養子縁組里親機関協会（British Association for Adoption and Fostering：BAAF）から『フォスタリングチェンジ：どのように関係を改善し，難しい行動に対応するか 里親養育提供者（foster carer）のためのトレーニングプログラム（Fostering Changes：How to Improve Relationships and Manage Difficult Behavior）』という題名で出版された。

その後，2008年にはロンドン大学キングスカレッジに子ども学校家族省（Department for Children, School and Families：DCSF，中央政府の所管省名）より助成金が付与され，全国養育実践家協会（National Academy for Parenting Practitioners）が立ち上げられた。これによって，フォスタリングチェンジ・チームはそれまでの実践の成果から寄せられた新たなニーズに対応するために，プログラムを改訂する機会を得ることがで

---

95 Pallett, C., Scott, S., Blackeby, K., et al., "Fostering Changes: A Cognitive-Behavioural Approach to Help Foster Carers Manage Children", *Adoption & Fostering,* 26 (1), 2002, pp.39–48.
96 Warman, A., Pallett, C., Scott, S., "Learning From Each Other : Process and Outcomes in the Fostering Changes Training Programme", *Adoption & Fostering,* 30 (3), 2006, pp.17–28.

きた[97]。それまでの研究結果や現場の意見を取り入れるかたちで，子どもとのアタッチメント形成をより促せるよう，また，教育的ニーズをしっかりと満たし，具体的成果がもたらされるよう，セッション数も10から12へ拡大してプログラムの改訂がなされた。特に教育的ニーズへの対応については，2007年のケア・マターズに示された内容に配慮し，新しく取り入れられることになったという[98]。2009年にはDCSFよりイングランドの152の自治体でファシリテーターを養成するトレーニングプログラムを実施するための助成金が付与された。同年，プログラム実施のためにフォスタリングチェンジ・トレーニングセンターも開設され，2010年の終わりまでファシリテーター養成コースが（受講無料で）実施された。ファシリテーターの数が増え，各地で里親グループに対してのプログラムが実施されて経験が積み上げられる中，2011年に改訂版プログラムマニュアル[99]が出版され，2012年には懸案であった無作為化比較試験が実施され，以下のような成果があがった

　63人の里親と89人の里子が参加し，34人の里親が無作為に介入（トレーニング）群，29人が比較対照群であった。結果としては，対照群に比べてトレーニングを受けた里親の子どもの行動のさまざまな指標において統計学的に明らかな改善がみられた。特に養育者自身が最も困難と感じていた問題への影響が大きかった。また，子どもと養育者との間のアタッチメントについても介入群で改善がみられ，養育者自身の自信やペアレンティングの実践についても良い変化がみられた。さらに，トレーニングに参加した里親の多くが自信を得て，自尊感情を回復し，ストレスが少なくなり，知識やスキルが増えたと感じていた。ただし，この研究は短期間での効果の確認であり，今回のプログラムの受講による効果と考えられるこれらの効果が今後長期間にわたって継続するのか

97　Fostering Changes Training Centreのホームページ（http://fosteringchanges.com/）にあるこのプログラムに関する情報とCurrent Controlled TrialsのFostering Changesプログラム評価のための無作為化比較試験に関する情報（http://www.controlled-trials.com/ISRCTN58581840/〔2012年12月13日アクセス〕）を参照。
98　Bachman et al., (2011), *op. cit.*, p.2.
99　*Ibid.*

フォローする研究も必要とされた。また，短期間では改善が確認されなかった教育的ニーズに関する成果については，姉妹版プログラムであるフォスタリング・エデュケーション[100]で同様の調査研究を実施する価値があるとまとめられている。

　フォスタリングチェンジ・プログラムは，英国で実施されている委託後里親のための他のプログラムに比較して一貫性があり，より大きな効果が期待できるとの評価が先に挙げたブラウンによって示されていたが，このプログラムの発展的開発の背景にはクオリティ・プロテクツやケア・マターズなど国レベルの諸施策の影響があり，さらに実践現場からの声（ニーズ）や実証的研究による客観的評価が連動しながら展開され続けたことで現在に至っていると考えられる。このプログラムは，開始前と終了後の客観的尺度を用いての評価，そして各セッションで参加者に対してアンケートを実施することで，子どもにとって最善の利益を提供し続けられるよう自ら変化することをやめずに発展し続けている。

第3項　多次元治療里親委託（MTFC）の評価研究

　MTFCもフォスタリングチェンジ・プログラム同様，英国におけるクオリティ・プロテクツからケア・マターズに至る社会的養護現代化の流れの中で展開されてきた取り組みである[101]。米国のオレゴン・ソーシャルラーニングセンター（Oregon Social Learning Center）で開発され，すでに成果を上げていた方法をもとに，英国政府から資金を受けたイングランドの6つの自治体で2002年よりパイロットプログラムが開始され，その後継続されてきた。社会的養護下で最も複雑なニーズをもつ（対応の難しい）子どものアウトカムズとライフチャンスを向上させる目的で開始されたプロジェクトである。

　対象となる子どもの多くは，すでに里親委託変更を何度も経験し，中

100　Pallett, C., Simmonds, J., Warman, A., *Supporting Children's Learning : A Training Programme for Foster Carers*, BAAF, 2010 参照。
101　Biehal, N., Dixon, J., Parry, E., et al., *The Care Placements Evaluation (CaPE): Evaluation of Multidimensional Treatment Foster Care for Adolescents (MTFC-A)*, Research Report DFE-RR194, 2012, p.9.

には養子縁組が失敗したケースもあった。高度に訓練された里親とそれを支える専門家チームによるシステムが必要とされており，一家庭に子ども一人として，クリニカルチームが子どものニーズを満たせるようさまざまなサポートを提供するシステムが整備された。そのチームには臨床児童心理士，メンタルヘルスや家族療法の分野で経験のあるベテランのソーシャルワーカー，教育心理の専門家やセラピスト，スキルコーチなどが含まれた。また，マンチェスター子ども病院（Manchester Children's Hospital）とロンドンのモーズレイ病院に基盤を置くチームによって，高度に構造化された専門的ケアシステムであるMTFCの実施に必要とされるさまざまなトレーニングやサポート，また，その評価等において協働した実践が展開された。国レベルの政策が端緒となり他国の先進例を取り込み，研究と実践がしっかりと協働するかたちでの取り組みがMTFCでも展開されているといえる。ここでの研究の役割は施策と実践をつなげ，さらに実践をフォローする中で内容の改善と成果を確認し，再度政策や施策につなげるというものであろう。以下にMTFCの評価，研究結果をみてみよう。

　2011年に *Children & Young People Now*（英国の子どもサービスに関する隔週刊専門雑誌）でこのプロジェクトの成果の一部が記事として報告された[102]。プログラム開始時に他者への暴力を示した子どもが76.6％いたが，プログラム終了時には42.5％に減少した。自傷についても同様に33％から4.5％に減少し，委託先からの失踪についても51.6％から33.3％に減少していた[103]。また，3歳から6歳の子どものIQ（知能指数）についてはプログラム開始時に89.57％であったが，プログラム開始9か月後には104.25を示したという[104]。この結果は2010年の国家先導施行チーム（National Implementation Team）による年次報告書の内容からま

102　"Fostering Scheme Gives All-round Support", *Children & Young People Now*, 23 August–5 September 2011, pp.20–21.
103　Roberts, R., et al., *Multidimensional Treatment Foster Care in England: Annual Project Report 2010*, National Implementation Team, 2010, p.28. 英国で実施されているMTFCは，対象とする年齢でMTFC-A（11–16歳），MTFC-C（7–11歳），MTFC-P（3–6歳）に分けられる。このデータはMTFC-Aについての成果に基づいている。
104　*Ibid.*, p.41. このデータはMTFC-Pでの成果に基づいている。

とめられたものである。MTFCプログラム開始前と後での比較によってMTFCの成果について示したものであり、この記事では国家先導施行チームと自治体には、それまでに1,600万ポンドの資金が投入されており、その大きな成果を示すものとして紹介されている。記事では「このプロジェクトの成功のカギは支援者つまり里親の支援にあったと考えられる。毎日の電話連絡で状況を確認するための簡単な質問、やり取りが確実になされ、この毎日の確実なやり取りによって、里親は常に支えられているという安心感を得ることができた。一方で、そこで収集された子どもに関する情報は専門家が問題を素早く認識し対応することに生かされた」とのコメントもあり、このプログラムの特徴や利点が強調されていた。

　その後2012年に、MTFCに関する無作為化比較試験（RCT）による成果報告が提出された。これは英国における一般の里親養育に比較してMTFCがどれほどの成果を示すかを明らかにする調査研究であった。対象となったのは11歳から16歳の思春期の子ども219人である[105]。この研究では、委託されている子ども自身がMTFCをどのようにとらえていたかのインタビューも実施し、RCTによる客観的な評価に加えて、子どもの声も取り入れた上で示されている。2010年報告からは大きな成果が期待されたと思われるが、RCTの結果に基づく2012年の報告では、一般的な里親養育との間に有意な差は見いだされないという結果が示された。これについては思春期の非常に複雑な問題を抱えた対応困難ケースを対象にしていたことと、これまでの「プログラム前後の比較」ではなく、「MTFCと一般の里親養育との比較」の結果であった点に注意しなければならない。一方で、2012年報告では、比較対象を絞ることで、重篤な反社会的な問題行動を抱えた子どもについては一般の里親養育よりもMTFCでより良い成果が確認されたが、他方で、そうでない子どもについては一般の里親養育のほうが良い結果が示されたとしている。また、子どもに実施したインタビューからはMTFCに対するさ

105　幼児を対象としたMTFC-Pに関するRCTの結果は報告されておらず、本書ではすでに報告のなされているMTFC-Aに関するRCTの結果について言及した。

まざまな意見が聞かれ，MTFC に参加した里親がこのプログラムはきわめて大きな助けになったと語っていたのに対して，子どもにとっては難しい面も含むプログラムであることを示しているとした[106]。MTFC で確実な成果を求めるのであれば，対象とする子どもをしっかりと選ぶ必要があり，また，今後長期にわたる効果についても調べる必要があるとも分析している。

　研究・実践・施策の3つの歯車が連動して新しい取り組みが展開し始め，一定の効果があると考えられたプログラムについて，さらに時間と費用を要するものの，その結果の信頼度がより高い RCT の実施と子どもの声を聴くというかたちで子どもにとっての成果をしっかりと確認している点を見逃してはならない。思い込みに流されるのではなく，実際に行われたことを客観的に評価しようとするこの姿勢こそが，子どもにとっての最善の利益を保障しうることを示しているのではないだろうか。

　子どもにとっての最善の利益を保障するシステムの構築は，このように一つの方向を向きながらも，実際にはある程度の試行錯誤をともないながら進んでいく過程を必要とするのかもしれない。その際，実証的研究の役割が非常に大きいことはここに挙げた MTFC やフォスタリングチェンジの開発過程を見ても明らかであろう。

　社会的養護における家庭養護への移行について検討するにあたっては，家庭養護におけるケア水準維持向上のための重要な取り組みの一つとして，ここに挙げたような里親委託における対処困難な子どもへの対応の改善に関するシステムやプログラムにも，欧米では大きな関心が寄せられている。その効果が実証的に評価され，確認されているシステムやプログラムについて，また，他にも里親委託や養子縁組後の長期予後に関する研究等によって明らかにされつつある子どもの発達へのさまざまな影響について，さらに吟味し検討する必要があると筆者は考える。

106　Biehal, N., et al., *op. cit.*, p.208.

第4項　その他の家庭養護に関連する研究——リーズ・センターの取り組み

　本章第3節第1項で取り上げた，高水準の里親養育システムを世界的に普及しつつあるコア・アセッツからの資金援助を得て，オックスフォード大学教育学部内に設置された，里親養育と教育に関する研究所であるリーズ・センターの取り組みをみてみよう[107]。リーズ・センターは研究とその応用を通して里親養育の下にある子どもや若者，そして，かつてそうであった者のライフチャンスを広げることを目指し，彼らのライフチャンスやさまざまな成果を改善するものは何か探求している。その方法として，最新のエビデンスを有効に利用できるよう，これまで世界各地で取り組まれた研究をレヴューすること，まだなされていない新しい研究を実施して不足しているエビデンスを補うこと，そして研究で明らかになったことを実践に生かせるように，利用者に伝えることが挙げられている。まさに研究と実践を相互につなげる役割を担っており，その目的としているのはクオリティ・プロテクツやエヴリ・チャイルド・マターズ，そしてケア・マターズ等の施策で示されてきたことである。リーズ・センターも歯車の一つとなり研究という側面から全体を動かして，社会的養護児童の最善の利益を目指そうとしていると考えられる。

　2014年8月時点でリサーチレヴューとして以下の5つがまとめられWEB上で公開されており，必要であれば誰でも無料で入手できる。

①なぜ里親になるのか？　里親となる動機についての各国文献レヴュー（2012年9月）[108]
②相互助け合い：里親同士のかかわりについての各国文献レヴュー

107　リーズ・センターのホームページ（http://reescentre.education.ox.ac.uk/ 〔2014年8月15日アクセス〕）と2013年9月14日大阪で開催されたIFCO（International Foster Care Organisation）大阪世界大会でのセンター長セバ（Judy Sebba）教授のワークショップでの資料を参考に，リーズ・センターの概要をまとめた。以下のリーズ・センター発行論文も同じホームページで閲覧可能である。
108　Sebba, J., *Why Do People Become Foster Carers? An International Literature Review on the Motivation to Foster*, Rees Centre, 2012.

（2013 年 2 月）[109]

③里親はどのように選ばれるのか？ 里親選定方法についての各国文献レヴュー（2013 年 9 月）[110]

④里親実子への里親養育の影響についての各国文献レヴュー（2013 年 10 月）[111]

⑤効果的な親と子ども同時委託里親についての各国文献レヴュー（2014 年 2 月）[112]

　すべてのレヴューの内容をここで吟味することはできないが、いずれも里親養育の質を高めるためには非常に重要な内容である。ここでは①を例として取り上げ、その報告について吟味しておこう[113]。

　①の研究では、カナダ、米国、オーストラリア、スウェーデン、ノルウェーの 32 研究と英国の 2 研究を対象とし、「なぜ里親になろうと考えたか」、そして「里親としての申し込みにまで至る要素は何か」が検討された。これらの研究結果から主に明らかになったこととして、「実際に里親に出会ったり、知ったりすることが里親になろうと思う主な理由であり、里子との出会いで興味をもつようになることは多くはなかった。」「実際に里親をしている人に会うことが最も教育的効果が大きかった。」「現に里親である人が適切な支援を受けられていないことは、これから里親になろうと考えている人にマイナスイメージを与える。」などが挙げられている。他にも「里親についてもっとよく知りたいと思うのは、多くの場合、子どもを愛する気持ちと子どものために何かしてあげ

---

[109] Luke, N., Sebba, J., *Supporting Each Other: An International Literature Review on Peer Contact Between Foster Carers,* Rees Centre, 2013a.
[110] Luke, N., Sebba, J., *How are Foster Carers Selected?: An International Literature Review of Instruments Used within Foster Carer Selection*, Rees Centre, 2013b.
[111] Hojer, I., Luke, N., Sebba, J., *The impact of Fostering on Foster Carers' Children: An International Literature Review*, Rees Centre, 2014.
[112] Luke, N., Sebba, J., *Effective Parent-and-Child Fostering: An International Literature Review*, Rees Centre, 2014.
[113] 対象を乳幼児に限定した調査研究ではないが、乳幼児社会的養護でより良い選択肢とされる里親養育について特化した他にはない調査研究を展開しており、実践や研究、施策への提言等も明確に示す報告となっていることからここで取り上げた。

たいという気持ちからである。」「里親になってお金を稼ぐということは主な理由とはならないが，里親となることで仕事ができなくなる場合，それを補えるかどうかは実際に里親となるための申し込みをする際には重要視される。」「最初の問い合わせへの返答がすみやかでなかったり，里親としての認定に時間がかかる場合，里親の動機は薄れてしまう。」などの結果が挙げられている。

　実際に里親に出会うことが里親になろうと考える最初の主なきっかけであるということは，どの国でもいえることであった。また，一般市民に里親についての情報が不足していたり，よく知られていなかったりする状況も大きな問題と考えられた。里親養育システムの違いがあるため，各国の研究結果はそのまま他国に適用できないこともあるが，この研究で得られたエビデンスは一般化できるものが多く，施策や実践への示唆として提示できるものであるとして，「施策」と「実践」に対して具体的な示唆を与えるとともに，「研究」についても研究デザインや方法について，どのような傾向があったか，また今後どのような研究が必要とされているかなどについて多くの具体的示唆を与えている。

　②～⑤のレヴューについても同様のかたちで提示されており，すでに積み重ねられている研究を用いてそこに示されている重要な事実をまとめ，それに基づいて研究・実践・施策のそれぞれの展開に配慮した報告がなされている。それぞれの歯車をしっかりとかみ合わせる重要な役割を果たしているといえる。

　この他に，すでになされている研究では補うことのできない領域の研究を新規に立ち上げて実施している。たとえば，「里親になる動機についての調査」は，ここでも詳細を取り上げた①のレヴューに基づき，里親委託機関10か所からの問い合わせに応じて実施したもので，「研究」への示唆を生かし「実践」の場からの求めに応じて次の段階に進める具体例ともいえる。また，「里親ピアサポートの効果改善についての研究」も，②のレヴューで示された結果に基づき，里親委託機関に参加要請して介入研究を実施し，その効果を明確に評価しようとするものである。他にも他大学や研究機関との連携の下での研究も実施されている。子ど

もの最善の利益を求めるために里親養育の質を向上させるにあたって，「何がわかっていて，何がわかっていないのか」を明確にするための研究と，「わかっていないこと」について明らかにするための研究，これら両方に取り組みながら，いずれも研究・実践・施策にさらに還元していくという循環がみられる。また，世界各国の研究成果を集積しており，多国間での知見の共有も進展すると考えられる。センター設立後，数年で成果を上げており，今後への期待も大きい。

第5節　乳幼児家庭養護を最善のものとし続けるために——さらなる高みを目指して

第1項　英国，特にイングランドにおける乳幼児社会的養護の状況

　第2章第2節第2項で記したように，ホルマンによれば「50年代までには内務省も児童部乳幼児入所保育施設を閉鎖し，乳幼児は里親委託するよう奨励していた」。その後，英国における乳幼児社会的養護がどのように展開したのか，乳幼児の施設養護は完全になくなったのか，ここで確認したい。第1章第1節で取り上げたダフネ・プログラム（DP）の報告書の中に，この件についての貴重な報告が以下のようにまとめられている[114]。

　ボウルビィの影響で，英国においては大変な状況に置かれた子どもを実の親から引き離すことは最終手段とされており，どうしても引き離す必要がある場合には里親等の家庭養護の可能性について，個別に検討される。英国においては，重度の障害を有する場合を除いて，7歳未満の子どもが施設養護とされることはほとんどない。3歳未満の子どもが施設入所となること自体が少なく，その情報は限られており，参考にできる情報は国レベルよりは自治体レベルのものであったとしながら，1995年から2001年の政府報告等を参考にして以下のとおりその概要を示している。イングランドで社会的養護下にある18歳未満の子どもの数は59,700人。うち1歳未満の子どもは1,200人，5,000人が1～4歳の子ど

114　Browne, K., et al., (2005a), *op.cit.*, pp.103-105から必要部分を筆者が翻訳，要約して示した。

もであった。社会的養護児童の18％が0～4歳の子どもであった。3歳未満の子どもの施設養護については，55人の子どもが家族と一緒に住めない状況で里親養育システムの外にあった。そのうち30人の子どもが施設入所していたが，親が一緒かどうかは不明であった。他の25人については詳細不明であった。ただ施設委託とされた子どもは3か月未満の委託であったり，一人の主たる（個別にかかわる）養育者と生活していたり，入所児童数11人未満の家庭をベースとしたホームで生活をしていたりしたという。DPは欧州における実態・実践調査と，これまでに各国で積み上げられてきた研究成果のレヴューを経て「3歳未満の子どもが，親または主たる養育者なしで施設に委託されることがあってはならない。ケア水準の高い施設が緊急避難的に利用される場合であっても，3か月を超えないよう留意すべきである」[115]との見解を示しているが，ここで挙げられた英国の乳幼児社会的養護の状況は，おおむねこの条件を満たしているようである。

　これまで説明してきたように，英国における社会的養護はボウルビィによる1951年の報告以降，研究・実践・施策の歯車が連動するかたちで子どもの最善の利益を求めて乳幼児の社会的養護として家庭養護を維持し，さらにそのケア水準を高める工夫を進めてきた。そして，家庭養護の中でも乳幼児の養護については特に注意を払わなければならない満たすべきニーズがあることに気づき，研究・実践・施策が協働して新たな挑戦的取り組みも展開されている。次項以降，その具体例としてわが国では紹介されることの少ないコンカレント・プランニング（Concurrent Planning）についてみてみよう[116]。早くから乳幼児家庭養護が進められてきた英国において，主たるケアの場が施設から家庭へ移行したことですべての問題は解決したのか。問題が残っているとすれば，それに対して

115　*Ibid.*, p.6.
116　わが国での紹介例としては平田美智子「海外情報――アメリカのコンカレント・プランニングとパーマネンシー・プランニング里親」『新しい家族　養子と里親制度の研究』(51)，養子と里親を考える会，2008年，pp.90-93がある。「一定の短期間に目標を決めて愛情あふれる親または養育者と継続的な関係を保ち続けられる家庭で子どもが生活できるように援助していく組織的なプロセス」と定義されるパーマネンシー・プランニングの実践として，このプログラムが開始された米国での具体的な手続きについて紹介されている。

どのように対応しているのか確認することで，脱施設化が世界的潮流となっている現在，重要な示唆がもたらされるであろう。

第2項　乳幼児社会的養護における子どものパーマネンシー達成についての問題

　ワード（Harriet Ward）らによる乳幼児の養護後追跡調査に関する2003年の報告[117]によれば，英国の6つの自治体で1996年から1997年にかけて，1歳未満で社会的養護の下に入り，12～24か月後にもその状況が続いていた42人の子どもの経過が追跡される中で，安定した環境への移行に時間を要している状況と繰り返される委託変更が確認された。多くの子どもが養護される前と養護されている間にも継続的で安定的な生活環境に置かれていなかった。養護されてからの委託変更については計画的委託変更が多かったが，4分の1は計画された移行ではなく，里親の病気や都合，養育力不足などが理由となった委託変更も確認されたという。また，半数以上の子どもの母親は薬物・アルコールの問題，家庭内暴力，精神疾患を抱えていた。31人（74％）の子どもが虐待やネグレクトを主たる原因として委託されていた。2002年時点で23人（55％）の子どもが養子縁組され，14人（33％）の子どもが親元に戻り，2人は親戚に引き取られていた。残りの3人は変わらず養護下にあった。パーマネンシー達成までの期間をみると18人（44％）の子どもが，養護されてから12か月以内に達成されていた。ただし，実親の元に戻った後，他の家族の下に移っていく子どももいた。

　子どものパーマネンシー達成に遅れが生じた理由としては，「子どもを実親の元に戻すことを最優先にすべき」という支配的な考えや，裁判所の方針決定にあたってソーシャルワーカーの意見では足りず，より専門的な意見が必要とされる傾向があったことが挙げられている。　さら

117　Ward, H., Munro, E., Dearden, C., et al., *Outcomes for Looked After Children: Life Pathways and Decision-Making for Very Young Children in Care or Accommodation*, Centre for Child and Family Research, Loughborough University, 2003とMunro, E.がその内容をまとめたCCfR evidence issue 10から筆者が必要部分を翻訳，要約して示した。

に，次項で詳述するコンカレント・プランニング等の具体的な施策の欠如がこの状況を悪化させているとも付け加えている。また，社会的養護の現場としても，里親不足の状況下で里親に養子縁組となることを期待するような考えはもちにくく，さらに，養子縁組にあたってはより厳格な条件を満たす必要があるが，里親の中にはそのような要件を満たせない者がいることも事実であったとしている。

第3項　コンカレント・プランニング（Concurrent Planning）について[118]

コンカレントとは「同時に」「並行して」を意味する言葉である。コンカレント・プランニングは1980年代に米国のカッツ（Katz, L.）らによって始められ，家族再統合を目指して里親養育を開始すると同時に，それが不可能となる場合にはその里親が養子縁組によって可能な限り早期に子どものパーマネンシーを達成しようとする取り組みである[119]。コンカレント・ケアラーは，当初は養子縁組も前提とできる里親として子どもにかかわり，家族再統合を目指して設定された実親と子どもとの定期的な面会にも，送迎等含めて協力することになる。実親との再統合が不可能と判断された場合には，それまでの里親が養親として養子縁組することになるが，再統合が可能な場合にはそこで委託解除となり，子どもは里親の下を離れることになる。実際には最終的に養子縁組となるケースが多く，「養子縁組のための抜け道であり，実親の権利を軽視している」として批判的な意見もあるようだが，後述するように乳幼児のパーマネンシー達成を明らかに早める効果も確認されている。

英国での展開を考えると，1998年のクオリティ・プロテクツ計画で掲げられた8つの目標の中でも最初に挙げられた「養護児童は，安全と効果的なケアを与えられる養育者と健全な愛着関係をもてるよう保障さ

118　Borthwick, S., Donnelly, S., *Concurrent Planning: Achieving Early Permanence for Babies and Young Children*, BAAF, 2013参照。
119　津崎哲雄「イギリスにおける養子縁組の制度と実態」湯沢雍彦編『要保護児童養子斡旋の国際比較』日本加除出版，2007年，pp.99-127参照。英国において養子縁組は社会的養護を必要とする子どもの選択肢の一つとされ，養子縁組の第一の目的は児童の福祉とされてきた歴史が示されている。

れる」[120] は，コンカレント・プランニングの目標とも一致するものであったことも重要な点であろう。

　1990年代終わりにかけて，イングランドでは3つのコンカレント・プランニングチームが立ち上げられた。その中でも英国で最も歴史のある子どものためのチャリティ，コーラム（Coram）によって1999年ロンドンに設けられたチームは，2歳未満の子どもを対象とした。また，同時期にクオリティ・プロテクツ計画からの助成金を得てある地方自治体（Brighton and Hove）がチームを立ち上げる例もみられた[121]。その後，予算獲得の問題や担当者交替などにより継続が難しくなるケースもみられたが，コーラムのチームはロンドンでの取り組みを継続し，政府からの助成で早期パーマネンシー達成のためのナショナルセンターとしての役割も果たすべく活動を続けている[122]。

　イングランドでは，2011～2012年の1年間に，3,450人の養護児童が養子縁組されたが，1歳未満の子どもはそのうち60人だけであった。社会的養護に入ってから養子縁組されるまでの期間は幼少の子で平均1年9か月であり，2歳半で社会的養護となった子どもだと養子縁組されるまでにさらに平均2年半を要した[123]。パーマネンシーの達成が遅れる理由は前項にも示したが，このような状況を憂慮した政府は近年コンカレント・プランニングを再評価しており，コーラムのナショナルセンター設立もこの流れの中にあるという。

　2000年から2011年のコーラムチームの成果を以下にみてみよう[124]。こ

120　Department of Health (UK), LAC (98) 28: *The Quality Protects Programme: Transforming Children's Services*, 1998のANNEX1に1.0としてこの目標が挙げられている。さらに下位項目として4つの課題も提示されているが，以下の1.1～1.3はまさにコンカレント・プランニングによって実践可能な内容と考えられる。なお，（　）内の記述は筆者による。
1.1 養護児童の主たる養育者が変更（委託変更）される回数を減らすこと。
1.2 それが適切な場合（実親による養育可能性がないと判断されるなど）には，養子縁組によって子どもに永続的な家族を与えるべく最大限の努力をすること。
1.3 養子縁組や長期里親委託前の養護期間を短くすること（パーマネンシー達成までの期間を短くするという意味）。
121　Borthwick, S., et al., *op.cit.*, pp.26-27.
122　*Ibid.*, p.32.
123　*Ibid.*, p.6.
124　*Ibid.*, pp.146-153.

の間対象となった57人の子どものうち3人が家族の下に戻り、54人は養子縁組された。このプログラムへの主たる申し込みは里親から34人（60％）、病院から18人（32％）であった。また、申し込みのタイミングとしては出生前32人（56％）、出生後23人（40％）、出生時2人（4％）であった。申し込み時の子どもの年齢は、96％が1歳未満であった（社会的養護全体に占める1歳未満児の割合は6％）。コーラム・コンカレント・プランニングを通して養子縁組された子どもの年齢は生後7か月から3歳で、平均は1歳5か月であった。そのうち27％の子どもは1歳未満で縁組されていた（2012年の全国データでは2％）。そして、ケアに委託されてから養子縁組されるまでの日数を比較すると、コーラム・コンカレント・プランニングは262日、イングランド636日であり、委託後21か月未満で養子縁組された子どもの割合で見るとコーラム・コンカレント・プランニングは100％、イングランドは56％と、コンカレント・プランニングにおけるパーマネンシー達成までの期間の短さと年齢の低さが際立っていた。コンカレント・プランニングの対象としている子どもが乳幼児であることを考えると、以降の子どもの発達に与える利益は計り知れない。

　英国政府の以下のコメントの中に、コンカレント・プランニングの本質がうまく表現されていると筆者は考える。

　　「コンカレント・プランニングは、子どもにできるだけ早く安定した家庭をもたらすものであり、関係途絶のリスクは、子どもではなく大人が背負うことを意味する。」[125]

　コンカレント・プランニングの下に置かれた子どもは、その瞬間から永続的な個別の関係を約束されることになり、それまで経験してきたいくつもの突然の別れは、子どもにとってはもう起こらない。社会的養護にかかわる大人は、これまでも「子どもの最善の利益」を保障すべく行

125　Department for Education, *An Action Plan for Adoption: Tackling Delay*, para 60, 2012.

動してきたが，実際には度重なる措置変更や社会的養護内虐待等システムの不備によるしわ寄せは，すべて子どもに偏っていたといえる。コンカレント・プランニングの実施には，非常に高い専門性と関係者の密な連携，そして共通の目的意識（ここに示したような，犠牲になるのは子どもではなく大人であるという覚悟をともなうような）が必要であろう。その実施には常に困難がつきまとうが，その効果（早期のパーマネンシー達成）が与える子どもへの影響を考えれば，乳幼児の家庭養護委託を子ども一人ひとりにとって最善の利益保障の場とするための重要な方法の一つであることは間違いないであろう。

第4項　コンカレント・プランニングへの評価——子どもへの影響の観点から

　前項で英国におけるコンカレント・プランニングの成果と可能性についてまとめたが，同時に，子どもへの悪影響等について示唆する研究もすでにいくつか報告されている。最善と思われる方法も，子どもにとって予想どおりの成果が本当に表れているのか確かめることをやめてしまうと，その方法はその時点で最善ではなくなってしまうのかもしれない。だからこそ，子どもにとっての成果を客観的に確認し続けるための，実践を裏打ちする研究の役割は大きいことが理解できる。

　コーラムのプログラムでは，パーマネンシーの早期達成のために，コンカレント・ケアラーが委託された子どもと実親との面会継続のため，1週間に多いときは5回，子どもを連れて面会場所となるセンターまで出かけ，2～3時間続く実親とのセッションのあいだ子どもを待ち続け，また連れ帰るということが繰り返されていた。これには，このような状況下での実親と子どもとの面会頻度についての2003年の裁判所判断である「週に5～6日，ある程度の期間設定すべき」との考えが広く受け入れられてきたことも大きく影響しているという[126]。

　タビストック・クリニックのケンリック（Jenny Kenrick）はサイコセ

126　Schofield, G., Simmonds, J., "Contact for Infants Subject to Care Proceedings", *Adoption & Fostering*, 35 (4), 2011, pp.70–74.

ラピストとしての観点から，子どもが養育者から分離することが困難となる時期（特に生後5～8か月）に，このような頻回な面会がどのように影響するのかとの疑問をもち，コーラムのプログラムで養子縁組した養育者へのインタビューというかたちでの研究を実施した[127]。結果，面会がどれほどよく準備されようとも，多くの場合，子どもにとってはストレスの多いものであったことが確認された。そして子どもにとって大きな負担になったと考えられるのは，頻回な実親との面会によって，日々のルーチンが崩されてしまうことであったという。養育者にとっては，実親との面会によって混乱した子どもを次の面会に向けて落ち着かせ，回復させることが何よりも大変であったという（面会のない日には，養育者と子どもは落ち着いて過ごし，身体的にも心理的にも良い時間を過ごせていたという）。しかし，回顧的（retrospective）な見解ではあるが，このような落ち着いた日常の中断による子どもの発達へのさまざまな影響は，その後の養子縁組による安定したアタッチメントによって免れえたようである。とはいえ，生後5～8か月の時期の子どもについては個々の発達水準への特別な配慮が必要であるとしている。同内容の研究がハンフリー（Cathy Humphreys）らによってなされ，子どもと実親との面会頻度と家族再統合成功率との間には関係がないことが明らかにされている[128]。そして，この時期の乳児の複雑なアタッチメント関係について理解し，それをサポートすることの必要性を示唆し，面会については回数よりも質を高めることの重要性を強調している。

　子どもにとっての最善を求めたコンカレント・プランニングの実践においても，その実践を最善ではなくしてしまう要素に気づき，それを改善していこうとするこの姿勢に学ぶべき点は多い。特に，最もその意見表明が難しいと思われる乳児にかかわる際の心理学や医学の知見や方法の重要性を確認できたように思う。

127　Kenrick, J., "Concurrent Planning: A Retrospective Study of the Continuities and Discontinuities of Care, and Their Impact on the Development of Infants and Young Children Placed for Adoption by the Coram Concurrent Planning Project", *Adoption & Fostering*, 33 (4), 2009, pp.5–18.
128　Humphreys, C., Kiraly, M., "High-Frequency Family Contact: a Road to Nowhere for Infants", *Child and Family Social Work*, 16 (1), 2011, pp.1–11.

子どもに代わって大人がリスクを引き受けるシステムであるコンカレント・プランニングであるが，その実現にあたっては，「ほどほど」ではなく「最善」の利益を保障しようと常に考え，対応し続けることの重要性を再認識させられる研究結果である。

第4章
施設養護から家庭養護への移行に関する実践展開

第1節　社会的養護における家庭養護への移行推進のための10ステップモデル

　本節では，第1章で主に取り上げたダフネ・プログラム（DP）の実践展開としての10ステップモデルについて吟味し，さらに，このモデルをもとにした各国の家庭養護への移行支援を主な活動とするルーモス（Lumos）の取り組みについてみていく。

第1項　10ステップモデル開発の経緯

　前述のとおり，DPにおいては，欧州における乳幼児社会的養護の実態，実践調査と，これまでに各国で積み上げられてきた研究成果のレヴューを経て，今後取るべき方向性が以下のように明確に打ち出された。

> 「3歳未満の子どもが，親または主たる養育者なしで施設に委託されることがあってはならない。ケア水準の高い施設が緊急避難的に利用される場合であっても，3か月を超えないよう留意すべきである。」[129]

　また，欧州において，すでに脱施設化に向けて取り組まれた実践例を十分検討し，さらにさまざまに配慮された具体的な対応がマニュアル化

129　Browne, K., et al. (2005a), *op. cit.*, p.5.

された[130]。それが当時ホープ・アンド・ホームズ・フォー・チルドレン（Hope and Homes for Children）にいたムルヘア（Georgette Mulheir）らのルーマニアでの活動[131]をもとにまとめられた10ステップモデル（表4-1）[132]であり，それまでの成果から得られた発見や優れた実践について広く知らせるためにトレーニングインフォメーション・パックが作成された。これをもとに各国で国レベルの担当者，関係者も含めての研修が実施された。10ステップモデルの実践に関する重要事項については第2項で詳述するが，子どもの施設養護から家庭養護への移行については時間をかけて丁寧に進めること，そして，子どもを施設から退所させることだけを考えるのではなく，施設に入所してくる子どもの数を減らすこと，子どもが実家庭での生活を続けられるような支援や，家庭養護に直接委託されるような支援で施設養護への入口をコントロールすることが挙げられる。

　DPは脱施設化をうたってはいるものの，内容としては子どもの最善の利益（発達）保障のための社会的養護システムの構築を目指しており，単純に施設閉鎖を目的とするような取り組みではなく，コミュニティサービスの充実等も含む包括的な取り組みといえる。また，その取り組みの水準についても，個々の施設の脱施設化に取り組むにあたって当初より施設のあるコミュニティ，そして国レベルの取り組みまで十分に考慮し，綿密な実行計画の下での実践であることは表4-1をみるだけでも理解できるところであろう。

　さらにいえば，文献研究から実態・実践の調査研究を経て，施策へのアプローチも並行した実践応用という構図が見て取れる。これまで繰り

130　Mulheir, G., Browne, K. and Associates, *De-Institutionalising And Transforming Children's Services: A Guide To Good Practice*, University of Birmingham Press (in collaboration with EU/WHO), 2007.
131　ホープ・アンド・ホームズ・フォー・チルドレンは中欧，東欧，アフリカにおける孤児院の脱施設化に取り組む英国のチャリティ（慈善団体）である。ムルヘアはその後，同様の活動を展開するチャリティであるルーモスにおいて最高責任者（CEO）として活躍している。
132　ブラウン, K.（津崎哲雄訳）『乳幼児が施設養育で損なわれる危険性——EUにおける乳幼児の脱施設養育施策の理論と方策』英国ソーシャルワーク研究会・翻訳資料第20号，2010年，pp.24-25より10ステップモデルについての表を転載した。なお表題の文献については注130に示してある。

表4-1 脱施設化して子どもサービスを変貌させる10段階モデル
(Mulheir and Browne, 2007)

第一段階 人々の問題意識を高める Raising awareness	乳幼児施設養育の弊害と子どもの発達への悪影響について市民・国民の意識を高める。
第二段階 改革過程のマネジメント Managing the process	効率のよい多専門職協働プロジェクト・マネジメントチームを立ち上げ（国家レベルと地方レベル）、一、二の地域あるいは施設においてパイロットプロジェクトを実施する。
第三段階 国レベルの実態調査 Country level audit	施設養育の特質や広がりに関する全国規模の実態調査を行い、施設養育されている子どもの人数や特性を確定する。
第四段階 施設レベルの実態分析 Analysis at institution level	施設ごとに入・退所、在所期間、入所児の個別ニーズのアセスメント実施状況などについて、データ収集と分析を行う。
第五段階 施設に代わる代替サービスの設計 Design of alternative services	子どもの個別ニーズに基づく代替的サービスを設計するとともに、現在利用可能な家族基盤型養育サービス（たとえば、遺棄可能性のある親への母子ユニット）および新たに開発する必要のあるサービス（たとえば、障がい児のためのデイケアや里親委託）についてアセスメントを行う。
第六段階 資源移管の計画立案 Plan transfer of resources	資源（財政的・人的・資材設備的）の移管のためにマネジメント計画や実務機構を立ち上げる。財政は常に子どもについて回らねばならない。
第七段階 子どもの移送準備と移送実施 Preparing and moving children	個別的ニーズと治療計画に基づく子どもと彼らの所有物の移送準備と移送実施、新たな委託先での子どものニーズとその充足計画を新たな養育者の能力とマッチさせること、移送手順は子どもの権利を尊重し、彼らの最善の利益に資するものでなければならない。
第八段階 職員の異動準備と異動実施 Preparing and moving staff	変貌する子どもサービスが求める職員のスキル、研修ニーズ、期待感などをアセスメントすることによって、職員の異動を準備し、異動を実施する。
第九段階 ロジスティックス（細部仕上げ計画） Logistics	ある施設、ある地域を関与させたパイロットプロジェクトの成功事例を全国戦略計画に格上げするため、慎重に仕上げ計画を練り上げる。
第十段階 モニターと事後評価 Monitoring and evaluation	施設養育から家族基盤型養育に子どもを移す事業をモニターしたり支援するため、社会的養護児童の国家データベースを立ち上げる。これには、保健医療・社会福祉の職員が、施設養育から離れ、新たに委託された子どもを養育している家族を訪問し、子どもの養育・治療計画に沿って適切に発達しているかアセスメント・モニター・事後評価を行うことが伴わなければならない。

返してきた研究・実践・施策の歯車がしっかりと連動しながら展開されたプログラムであるといえよう。

また、10ステップモデルよりも前に脱施設化についてまとめられた報告書が、すでに挙げたトビスによる『中欧・東欧、旧ソ連における施設からコミュニティを基盤とするケアサービスへの移行』である。この中で、施設養護からコミュニティを基盤とするケアへの移行を果たして

きた資本主義国の経験をもとに、中欧・東欧、旧ソ連の国々が同様の移行を成し遂げるために次の6つの要素が提示されている[133]。

①人々の考えを変え、コミュニティサポートへの方向づけをする。
②コミュニティ志向の社会福祉資源を後押しする。
③コミュニティを基盤とした社会サービスのパイロット・プロジェクトを立ち上げる。
④パイロット・プロジェクトを利用することで施設入所となる子どもの流れを止め、子どもを地域へ再統合する。
⑤施設については再デザイン、転用、閉鎖を検討する。
⑥コミュニティを基盤とした社会サービスを可能にする国レベルのシステムを構築する。

10ステップモデルの原型とも考えられる内容であるが、④で施設入所とならないようコミュニティを基盤としたケア体制をまずは充実させる必要があると明示されていることに注目したい。10ステップモデルにおいても施設入所の入口をいかにコントロールできるかが重要な課題としてとらえられているが、ボウルビィも1951年報告で同じ指摘をしており、社会的養護におけるコミュニティを基盤とした家庭養護の推進にあたっては、非常に重要なステップ、要素であると考えられる。DPはこれらの先行研究や報告の成果も引き継ぎながら、現場での実践に成果を付け加えるべく、練り上げられてきたものだともいえよう。

第2項　10ステップモデルの実践における重要事項

筆者は、ルーマニアにおける施設養護から家庭養護への展開を実践したムルヘアとポップ（Delia Pop）（ルーマニア人医師でありホープ・アンド・ホームズ・フォー・チルドレンのプログラムディレクター）に直接インタビューする機会を得た。彼女らの実践活動がもとになって、後に10ス

---

[133] Tobis, D., *op.cit.*, pp.50-54.

テップモデルがまとめられた[134]。このプログラムの作成に主にかかわったムルヘアとポップ両者へのインタビューの中で，社会的養護システムの移行にあたって日本にとっても重要と思われた指摘を以下にまとめる。

（1）一般市民への問題の周知

虐待問題が報道で取り上げられることは多いが，その後その子どもがどうなっていくのか，特に社会的養護に至る子どもの現状，さらに施設養護後の自立の問題等は，一般にはほとんど知られず興味をもたれることも少ない。

厚生労働省がモデルとして取り上げる福岡市では，平成16年里親委託率6.9％に対して平成24年度末31.5％まで増加した[135]。その発端がまさにこの一般市民への問題の周知と，この問題に関する一般市民の参加であったことは福岡市子ども総合相談センター所長藤林医師の以下のコメントからも明らかである[136]。

> 「『施設の定員が一杯で，行き先確保のために里親を増やす』という消極的な発想から始まった市民参加型里親普及事業は，『家族を，新しい絆を必要とする子どもにたくさんの里親を』という意識にかわりました。そして，施設も里親さんも市民も共に協力しながら，家族と暮らすことができない子どもたちのためにもっと理解と支援の輪を広げていこう，という大きなムーブメントにかわっていったのでした。」

10ステップモデルでも「第一段階　人々の問題意識を高める」として取り上げられているが，10要素（Ten key elements）においては最初だ

134　2011年5月のインタビュー時点では「ステップ」という考え方は実際を適切に表しているといえず「要素（elements）」という考え方での更新版を検討中とのことであったが，2014年8月現在も10ステップモデルのマニュアルとして改訂版の刊行はなされていない。
135　厚生労働省『社会的養護の現状について（参考資料）平成26年3月』2014年。
136　藤林武史他「家族と暮らすことができない子どもの現状　里親普及に市民参加が求められた背景」『新しい絆を求めて──ファミリーシップふくおか3年のあゆみから』特定非営利活動法人子どもNPOセンター福岡，2008年，p.4.

けではなく，この取り組みを続ける間，継続して必要なこととして位置づけられている。知らせる内容としては，施設養護のさまざまな影響，より良い代替策，また，変化の過程やかかわるすべての人の役割などが挙げられる。

（2）施設職員との対立回避（協働）

ムルヘアは「現在子どもと実際に接することの多い施設職員は，社会的養護体制が移行した後も一番の鍵となる存在である。家庭養護を推進する際には，敵対してしまうことが多いのだが，どのようにして最初から同じ方向で進んでいくのかが非常に重要である。」と語った。これについては施設の必要性，施設の中での改善方法の存在，個別ではなくシステムとして問題をとらえて子どもの視点から課題を把握し直し，共有する必要がある。システム再構築にあたっては当初から方向性を共有し，その後のニーズに合わせてトレーニングを受ける，資格を取得するなどしつつ，新たなシステムの中で引き続き子どもとかかわっていく人材となることが期待される。子どもの個別のニーズという観点からすれば，施設でも里親でも個別の子どもが必要としているものは同じであり，それぞれの体制の中でどのようにそれらを子どもに与えられるかが課題となる。

（3）子どもの支援形態移行準備の重要性

これは，脱施設化が大人のペースで（理念優先，経済的理由等）性急に進められてしまう際に見落とされがちな点である。しかし，子どもの視点からすれば，移行準備こそが最重要な点であると，ムルヘアは指摘した。10ステップモデルでは第七段階として取り上げられ，10要素では移行後も引き続き対応を要する過程として位置づけられている。この過程での対応が不十分な場合，施設養護から家庭養護への移行も，大人にとっては満足な結果になったとしても，子どもにとっては大変な被害的経験になりうることを強調していた。この移行準備については以下の表4-2に示すとおりであるが，非常に細やかで慎重な手続きが挙げられて

表4-2 子どもの移行準備7つのステップ[137]

1	子どものニーズのアセスメントを実施する。
2	子どものニーズを最もよく満たすケア提供者になりうる者のアセスメントを実施する。
3	子どもにとって馴染みのある環境（元の施設）でケア提供者になりうる者を子どもに紹介する。
4	ケア提供者になりうる者に，できれば1日単位で，子どもに馴染みのある環境で世話をしてもらう。新しいケア提供者の養育技術については，新しい場所への移動前にアセスメントを実施すべきである。
5	子どもに新しい場所を訪れてもらい，新しいケア提供者はその子どもにとっての新しい環境の下で，再度アセスメントを実施する。
6	もしも，積極的で応答性のよい相互交流が観察されたなら，そのときに，元の場所から新しい場所へ子どもを移動させる。新しいケア提供者との関係がすでに形成された状態で，子どもがこれまで大切にしてきた玩具や服，写真アルバムなどを一緒にもたせるようにする。
7	可能であれば，元の場所を再度訪れることが時々考慮されるべきである。もしも同じ場所で生活していない兄弟姉妹があるならば，そのコンタクトも重要である。また，可能ならば定期的に会う必要がある。

いる。ここに示された子どもの移行にかかわる7つのステップは子どもの権利を守り，子どもと新しいケア提供者の間に安定したアタッチメントの形成を促進する。子どもが（地理的に，文化的に，民族的に）遠くに措置されている場合，この過程の実現はより困難となり，それによりその移行が子どもにとって害となる可能性が高まるとされる。子どもの移行準備の重要性には十分に留意する必要がある。

（4）受け皿となる地域でのケアシステムの充実

　欧州における社会的養護の地域化の背景には，経済的要因も大きく影響していると指摘されている。前述のDPでの報告によれば，EUにおける施設養護と家庭養護に要する費用については，前者は後者の約3倍のコストがかかることが明らかにされている。日本においても千葉県で

137　Centre for Forensic and Family Psychology, *Moving Young Children from Institutions to Family Based Care* (leaflet), University of Birmingham, 2007の中の記載を筆者が訳し，7つのステップとして示した。

の試算[138]があり，施設養護にはさらにコストがかかることが示されている。しかし，経済的理由のみで社会的養護の再構築を進めるのではなく，子どもの最善の利益の実現を第一に考える必要がある。これは10ステップモデルの中でも繰り返し強調されていることである。それぞれの子どもにとって「その施設で何が得られているか」「その里親で何が得られているか」「移行にあたってその子に何が起こるのか」が最重要課題と位置づけられ，対応されなければならない。

（5） 実家庭への予防的対応の重要性

　個別の経済的支援等を含めて，実効性のある支援の検討も忘れてはならない。ボウルビィが1951年の報告ですでに指摘しているが，当の英国においても実際にこれが実現されたのはホルマンが「予防事業の時代」と評した1961年以降[139]であり，家庭的養護への移行後である。わが国においても，これまでに施設養護か家庭養護かという議論がなされ，現在「家庭的養護の推進」[140]という方向がとられているが，子どもの視点からすれば，まず第一に必要とされる優先的対策は子どもが安全に安心して実家庭に居続けられるような具体的支援であることを忘れてはならない。当然のことではあっても，実際の取り組みでは最も後回しにされる傾向があり，注意が必要である。

　虐待予防については，1次予防として虐待の発生予防，2次予防として虐待の早期発見・早期対応，そして3次予防として虐待への治療的対応や再発防止等が挙げられる。虐待予防の観点からは3次予防と考えられる社会的養護がコミュニティを基盤とした家庭養護に移行していくためには，家庭養護を支えるシステムがコミュニティの中になければならない。そして，この3次予防において子ども（特に乳幼児）に最善の利

138　千葉県社会福祉審議会 児童福祉専門分科会 社会的養護検討部会 社会的資源あり方検討委員会『社会的養護を必要とする子どもたちのために——千葉県における社会的資源のあり方について 答申』2007年を参照。
139　ホルマン，前掲書，pp.188-256参照。
140　注7で説明した厚生労働省の定義では「家庭養護」と「家庭的養護」を合わせて「家庭的養護の推進」の言葉を用いるとしている。

益をもたらすシステムは，子どもが実家庭で生活できなくなることを防ぐ1次予防にもまさに必要とされるものである[141]。また，そのシステムはさらに広く子育て家庭を支援するものともなるであろう。社会的養護下にある子どものニーズは，少数者の特別なものではなく，すべての子どもと家庭にとってのニーズであると考えられないだろうか。10ステップモデルの第一段階「人々の問題意識を高める（Raising awareness）」では，このような考えを共有することも重要ではないかと筆者は考える。家庭養護を実現するために必要となるコミュニティでの支援システムが，子どもが実家庭での安全・安心な生活を続けるためにも有用であることに気づき，共通のニーズとしてその充足に向けて取り組む必要がある。

第3項　10ステップモデル，ルーモスその後の展開

その後のルーモスの取り組みの成果について，また今後の方向性について『インパクト・レポート』[142]と『2013年年間報告』[143]をみてみよう。『インパクト・レポート』の中では，2013年までの取り組みの流れとして，①問題の提起とその解決のための活動を通して，施策策定やEUの基金配分に与えた影響，②専門的知識や技術の共有と能力の構築，③法的枠組みの扱い，④国の予算の切り替えにあたっての支援，⑤これらの変化を通しての子どものケアへの支援を挙げ，これら一つひとつが子どもを守るためのシステムに変わっていくために重要であったと指摘している。

①については，2009年までEUにおいて，施設でのケアをコミュニティ基盤のケアに転換するという方向性の施策は確立されておらず，代わりに施設を改善する必要があるとの考えから，多くのEUの資金が施設の

141　これについては脱施設化の際にキーワードとされることも多く，本書でも紹介したジョージアでの脱施設化でも挙げられていた。また2013年IFCO大阪世界大会でのジェニファー・デヴィッドソンによる基調講演でも「ゲートキーパーの重要性」として取り上げられている。詳細についてはIFCO2013大阪世界大会実行委員会『IFCO2013 大阪世界大会記録集』2013年，p.29参照。
142　Lumos, *Impact Report*, 2013.（http://www.wearelumos.orgで閲覧可能。ルーモスによる他の報告書・資料についても同様）
143　Lumos, *2013 Annual Review*, 2014b.

改修や新設に費やされたとし，また，子どもの発達に及ぼすさまざまな影響が実証されているにもかかわらず，乳幼児の施設養護は継続され，子どものニーズに合わせたコミュニティ基盤の支援展開を難しくしたとする。これに対してルーモスは，EUにおける施設でのケアの問題を明らかにし，施設運営に用いられようとした多くの資金をコミュニティを基盤としたサービスに移行した。また，「欧州専門家グループ（European Expert Group：EEG）」と協働して，『施設からコミュニティを基盤としたケアへの移行』[144]を刊行し，欧州委員会や欧州議会がその施策や予算を検討する際の参考資料とした。そして，施設への基金運用を禁止し，家庭を基盤とするケアの発展を促進するよう方向づけられたEU基金の使用に関する新しい規則への発展に寄与した。さらに欧州委員会の求めに応じて脱施設化に向けたEU基金の使用についての手引きをEEGと協働で発行，その後13か国語に翻訳され，欧州委員会職員や国レベルの代表者，そしてNGO等のトレーニングに使用されてきた。

②では，ルーモスが脱施設化プログラムを開始した当初，多くの国は家庭支援サービスや里親養育のためにトレーニングされたスタッフをほとんどもたず，脱施設化という複雑なシステム変更への対応が難しい状況にあり，それをどう補うかが課題であったという。ルーモスは管理職や教師，心理士，ソーシャルワーカー，養育者等1万5,000人以上と6か国1,800人以上の施策策定者とブリュッセルのEU職員にトレーニングを実施した。このトレーニングでは子どもが施設を離れる際の準備，重度のネグレクトを経験し障害をもった子どもへの治療的な介入，里親養育，統合教育，子どもの虐待防止など幅広い問題が扱われた。

③においては，多くの子どもが施設養護の中に置かれ続けている理由の一つとして法的枠組みの未整備を取り上げ，これへの対応がなされた。

④に関しては，変化を永続的なものとするためには経済的な後ろ盾が必要であるとし，「施設養護のほうが経済的負担は少ない」という誤解を解くための研究成果や，家庭養護で育った子どもにみられる長期的成

144　Ad Hoc Expert Group, *Report of the Ad Hoc Expert Group on the Transition from Institutional to Community-based Care*, European Commission, 2009.

果に関する研究を示しながら，政府の考え（予算）を施設からコミュニティを基盤とする新しいサービスへ向けていくことに成功したという。

⑤に関しては，60年にわたる多くの研究成果は施設養護が子どもの発達や将来に与える悪影響を示しているが，この脱施設化へのプロセスは非常に複雑なものであるとし，あまりに急にこのプロセスが進められると子どもにとっての害となることもあることに注意を促している。このプロセスを確実に進めるための準備が必要であり，そのためのモデルを示し4か国で実施した。

最後に，この報告書では2030年までに欧州地域における子どもの施設での養護の終焉を，そして2050年までに世界中での終焉を目指すとうたい，今後10年間の具体的な目標が掲げられている。その中には米国政府や国連，EU，世界銀行などすべての資金提供者が施設養護を終わらせることを優先するよう働きかけていくことや，これまでに培った具体的な実践方法やサポートを必要とする関係団体に広めていくこと，施設養護の影響や家庭養護への移行による成果等の研究を拡げていくこと等が挙げられている。

2014年8月に報告された『2013年年次報告』のムルヘアの前書きでは，欧州から世界に向けた動きについて，さらに力を込めて述べられている[145]。また，欧州を越えて世界中の子どもを対象にという流れは『子どもの施設ケアの世界的終焉——今こそ，その時』[146]と題された今後の施策についての文書でさらに強調されており，2014年8月にも各国関係者を対象とした脱施設化に関するトレーニングプログラムがロンドンで実施された。

ルーモスの実践はこれまでの多くの研究成果に根拠を置きながら，実践の継続と拡大に必要な施策，そして予算にまでその対応範囲を拡げた取り組みであり，研究・実践・施策の歯車を実践の側から大きく動かしている実例といえるであろう。

---

[145] 筆者の2014年2月のインタビューでは，2014年6月にマレーシアでの講演が予定されており，今後アジア地域へ取り組みを拡大する可能性について語られていた。
[146] Lumos, *Ending the Institutionalisation of Children Globally-the Time is Now*, 2014a.

さらに，欧州における障害者，高齢者，精神障害者の脱施設化を目指す団体との協働でEUの政策や基金配分を方向づけた取り組みの詳細も記載されている。脱施設化の動きを確実なもの，持続可能なものとしていくために非常に効果的な方法であると思われる。EU，国レベルでの大きな，そして将来も途切れることのない確実な動きを生み出していくために，社会的養護の下にある少数の子どもだけを対象とするのではなく，同様に施設でのケアという社会システムの不備によって不利益を被っている人たちとの協働によって取り組みを展開しているところに，その後のルーモスの特徴があるともいえる。その道筋として6つのステップが示されている。これについても確認しておきたい[147]。

　① 2009年，ルーモスは他のNGOとの協働の中で莫大な資金が施設の維持や新設といった誤った方向に使われていることを認識し，この問題に5年間集中して取り組むことを決定した。
　②この状況を変えることのできる鍵となる人々——欧州委員会，欧州議会，非政府組織のグループ等——からなるEUレベルの仕組みが必要とされた。そのためにルーモスは「施設からコミュニティを基盤とするケアへの移行に関する欧州専門家グループ（EEG）[148]」の結成と運営を支援した。
　③EEGによって，EU職員に対して施設でのケアの有害性やその代替方法，さらにEU基金がそのシステム再構築に対してもつ影響力についてのトレーニングを実施するとともに，それまで実情がほとんど理解されることなく，また政治的課題として過小評価されていたこの問題についての意識を高めた。
　④各国での実践にあたって生ずるニーズに対応できるような手引書[149]

147　Lumos, (2014b), *Ibid.*, p14より筆者が翻訳し要点を示した。
148　European Expert Group (EEG) on the Transition from Institutional to Community-based Care.
149　European Expert Group on the Transition from Institutional to Community-based Care, *Common European Guidelines on the Transition from Institutional to Community-based Care*, 2013a.

やツールキット[150]を作成し，13か国語に翻訳（作成にあたっての資金的援助はルーモスによる）した。これらの取り組みによって，少なくとも3億6,700万ユーロの使用が，施設からコミュニティ基盤のサービス移行に向けられた。

⑤ルーモスは，EU内の2014年以降の基金配分[151]において，施設でのケアに財源を投入するのではなくコミュニティを基盤とするケアに財源投入するよう規定する遵守事項の草案作成に寄与し，この草案は2013年11月欧州議会によって承認され法律として成立した[152]。

⑥EU加盟国がこの遵守事項とガイダンスを確実に理解できるよう引き続き取り組みがなされている。

欧州を越えて世界へ，もともとDPという研究と実践の協働から生まれた10ステップモデルを中心とする脱施設化のためのプログラム，モデルを展開する中で，その方法として施策策定関係者，特にシステムの上位にある関係者への働きかけに力が注がれてきた。また，計画を具体化するための財政的基盤の確保や，運動として大きく展開するための他領域との連携による問題提示効果向上の取り組みなどが明確な戦略のもと短期間に実践されてきたといえる。2030年と2050年までの目標達成に向けての今後の取り組みが大いに期待される。

次に，これまでの研究成果や実践展開をもとに，欧州各国の専門家と実践者が協働し始めた乳幼児社会的養護に関する取り組みについてみてみよう。

150　European Expert Group on the Transition from Institutional to Community-based Care, *Toolkit on the Use of European Union Funds for the Transition from Institutional to Community-based Care*, 2013b.
151　European Structural and Investment Funds Regulations 2014–2020.
152　REGULATION (EU) No.1303/2013 OF THE EUROPEAN PARLIAMENT AND OF THE COUNCIL of 17 December 2013, *Official Journal of the European Union*, 20.12.2013, Article L347/343にある9 (9)とL347/448を参照。

第2節　施設養護，家庭養護のケア水準向上のためのフェアスタートプログラム[153]

　第3章第3節では，乳幼児社会的養護領域において近年世界的規模で実践されつつあるさまざまな取り組みや研究について，国を越えての脱施設化の取り組みの広がりを確認した。これらの研究から得られた知見や実践で深められた経験をもとに，乳幼児社会的養護における家庭養護への移行を実践する（または実践しようとする）国が増えつつある中，家庭養護そのもののケア水準向上についての問題が議論されるようにもなっている。本節ではこれらの課題に取り組む実践展開の一つとして，フェアスタートプログラムを取り上げ，その内容を吟味してみよう。

第1項　フェアスタートプログラム開発の背景[154]と経緯

　このプログラムの開発を先導しているデンマークのクリニカルサイコロジストであるライガードは，1981年以来，被虐待児やその家族，また関係する専門家，治療的ホームや里親家庭，養子縁組家庭，さらに，治療施設や少年刑務所などさまざまな場でコンサルト業務等に携わってきた。そして，世界各国での経験をふまえて，子どもの脳の発達についての研究や，施設養護が子どもの発達に及ぼす影響についての研究，さらには組織の発展に関する研究等の成果を取り入れ[155]，実証的知見に基づいて孤児院の子どもやそこで勤務する職員を支援できないかと考えるようになったという。

　第1節で取り上げた10ステップモデルは脱施設化への大きな流れを提

153　フェアスタートプログラムについては，上鹿渡和宏（2013），前掲書，pp.11-24をもとに，さらにその後の展開について追加するかたちでまとめた。
154　Rygaard, N. P., "The Fair Start project – A free E-learning and Organizational Development Program for Orphanages and Foster Families in Quality Care Giving", *Child and Youth Care Practice,* 24 (3), Issue 3, 2011と2011年トルコで開催されたthe European Psychologist Conferenceでのライガードの報告資料，さらに電子メールでのやり取り（2011年1月7日，2012年1月18日，2012年2月5日），訪問インタビュー（2013年2月19～23日）等をもとにまとめた。
155　実際にどのような知見が取り入れられたかについては，以下の論文（pp.184-185）に詳細が説明されている。Rygaard, N. P., "Designing The Fair Start Project- a Free E-learning and Organizational Development Program for Orphanages and Foster Families in Quality Care Giving", *Clinical Neuropsychiatry,* 7 (9), 2010, pp.181-187.

示している。一方でフェアスタートプログラムは，個別の子どもの対応にも焦点化した具体的なプログラムを提示し，それに基づいて実践する。

また，前述のとおり，ボウルビィによる1951年WHO報告以降，施設養護が子どもの発達に与えるさまざまな影響を調査するために多くの実証的な研究が積み重ねられてきた。DPや国連の乳幼児社会的養護に関する一連の勧告にもその影響がみてとれることをこれまでに述べたが，フェアスタートプログラムについても，それらの成果が生かされている。

さらに，フェアスタートプログラムでは現在実際に社会的養護に携わるスタッフの置かれた状況についても考慮され，ライガードは自身の30年に及ぶ世界各国での社会的養護に関する臨床経験からそれを以下のように整理している。

①社会的地位が低く社会からの注目度も低い。
②専門的ケアのための教育を受ける機会が不足している。
③現状にあわない（単に受け継がれた）枠組み概念にのっとって仕事が継続されている。
④ケア提供者が頻回に入れ替わる。
⑤収入や満足度が低い。
⑥孤児への偏見との直面。
⑦非常に対応の難しい子どもたちとの仕事。

これらのスタッフの状況の改善も考慮に入れながら，フェアスタートプログラムが生み出されることになったという。

第2項　フェアスタートプログラムの取り組みの方向性
（1）フェアスタートプログラムが取り組む問題

大規模施設養護研究の成果から，乳幼児には家庭養護がより適切だと示され，また，国連等の見解も上記のとおりこれを支持するものである。しかし，ライガードは，実践面では以下の問題が残されると指摘す

る[156]。

①多くの国で、今後もしばらくの間、残ると考えられる施設で生活する子どもにどう対応するか。
②拡大する里親養育でのケアの質をどう維持するか。

　世界中には災害や戦争、社会の変化など一時的にであれ、施設を使用しなければならない状況が残されている。また、家庭養護での対応が難しい子どもの増加という問題もある。
　これらの考えは、現在の乳幼児社会的養護の流れに反するようにも聞こえるが、実際には以下のように同様の意見も聞かれる。このライガードの指摘は、決して偏った意見ではなく、子どもが置かれた今ある現実を、子どもにとって最善の状況にしようと考える際に当然生まれる考えだともいえるだろう。乳幼児の社会的養護については、将来的には家庭養護の方向を目指すべきではあるが、それが実現されるまでの間の対応も、現在施設で生きる子どもにとっては切実な問題であることを忘れてはならない。以下に、このライガードの指摘を支持すると考えられる他の意見を挙げる。
　先にも挙げたコートニーは文化、歴史、経済水準の異なる11か国の入所型施設についての歴史、現状、将来に関する比較を通して、入所型施設は今後隆盛するということはないにしてもなくなることもない、社会的養護の重要な部分をしばらくの間は担っていくことは間違いないと主張した[157]。
　また、サンクトペテルブルク－米国孤児院研究でも同様に、「たしかに、里親委託が子どもにとって効果的であることを示す研究は多いが、すべての里親がそれを満たせるわけではない。国によっては今後数十年間、施設養護が残ることも考えられる」との指摘がなされていた。

156　Rygaard, N. P., *Contribution to EU Policies*, p.3.（http://www.fairstart.net/doc/recomm_for_euc.pdf〔2012年12月13日アクセス〕）
157　コートニー他、前掲書、pp.293-320。

このように，乳幼児社会的養護については家庭養護への動きが明確に推奨されているものの，個別の施設での実践にあたっては，それぞれの状況下で最善の環境をどう整えるかが重要な問題になる[158]。
　さらにライガードは，「施設養護か家庭養護か」という問題よりも本質的な社会的養護の問題を以下のように示している[159]。
「(社会的養護にある) 5人中4人の子どもには実親がいるという事実は，家族が子どもと一緒に居続けられるような集中的支援が必要とされていることを示している。しかしながら，このことはEUにおいても一般的に優先されることは少なく，政府が優先度を上げることも一般的でなかった。今回のプロジェクトではこの部分については取り組めていない。」
　前述のERA研究の成果をまとめたラターらの著書に示された，以下に挙げる5つの社会的養護への示唆の中に同様の見解がみられる[160]。

①社会は何らかのかたちで家庭外でのケアが継続して必要とされるような状況（極端な貧困や戦争，内戦など）を防ぐことに関心をもたなければならない。
②施設の状況を改善するという積極的な方法が必要とされている。
③質の良い里親によるケアや養子縁組を提供することは（困難だが）望ましいことである。
④実の親が適切に子どもに対応し，養育上の挫折（崩壊）を避けることができるように，より良い支援の提供を目指して多くの努力がなされるべきである。
⑤世界中どの社会においても，子どもの養育や，親ではない者が養育することに高い価値を置き，それに見合った対価を用意すべきである。

158　施設養護水準の向上が図られることで，それを最終的な問題解決とするのでは不十分であり，乳幼児社会的養護については家庭養護が優先されるという方針は明確にもち続けながら，実際に子どもにとっての最善をもたらすことのできる家庭養護が準備できるまでの間は，その比較によって子どもにより良い結果をもたらす選択がなされるべきであると筆者は考えている。
159　Rygaard (2001), *op cit*., p.3.
160　ラター, M. 他，前掲書，p.66を参照。

特に①④は，前述のライガードの言葉どおり，フェアスタートプログラムの中では取り組めていないものの，その必要性が十分認識されていることは明らかである。そして，今後の方向性として子どもが実親と生活を続けられるような，または，再統合できるような支援も視野に入れた計画も検討されていることが別の報告[161]で示されている。さらにいえば，ボウルビィが1951年報告第二部で掲げた内容について，エビデンスに基づいた研究結果もそれを支持していると考えられる。同時に，いまだにこの問題が課題として存在し続けていることが示されているともいえるだろう。また，コートニーも前掲書に以下のごとく示し，最後を締めくくっている[162]。

　　「危険な状況にある児童のニーズを満たすのに適切な養護モデルを国際的に探した結果，本書は直面するジレンマの多くと考えられる解決方法が，文化的・地理的境界と時間を越えて共有されることを示している。それは養護選択を支持する一連の証拠を展開することの重要性を強調し，貧困児童と重度の行動障害を持つ児童が増大する原因になる状況を確定し，予防することにもっと注目するよう求めている。」

　また，⑤については，前述の社会的養護に携わる専門スタッフの社会的地位，不安定性の指摘などスタッフの置かれた状況に関する総括からも，このことがフェアスタートプログラムの開発にあたって解決すべき重要な課題として意識されていることは十分うかがえる。
　さらに，②③について，フェアスタートプログラムは施設養護と家庭養護の両方を対象としており，同一のプログラムで両方の関係者に役立つ具体的内容を提供することを目的に当初から開発が進められている。これらのことから，フェアスタートプログラムは，前述のERA研究からの示唆，提言にも沿うものであると考えられよう。

161　Rygaard (2011), *op.cit.*のConclusionsに記載されている。
162　コートニー他，前掲書，pp.319-320。

（2）フェアスタートプログラムの開発経過

　フェアスタートプログラムは 2008 年から 2010 年まで，EU 生涯学習プログラムから 2 年間で 20 万ユーロの助成を受け，欧州の孤児院と里親における質の高いケアを提供するためのプログラムを作成する目的で開始された[163]。

　7 か国（ルーマニア，トルコ，スペイン，イタリア，ギリシャ，オーストリア，スイス）のプロジェクト協力者と，5 か国から地域の施設や里親の管理者等を招聘してテスト版のプログラムを作成し，協力者の国において実施・評価，さらにプログラムの再調整がなされた。ケア提供者と管理者，施策策定者，研究者といった 3 つの重要なグループの協働がなければプロジェクトは進展しないという考えのもとプログラム開発が進められており，当初から研究・実践・施策の三者の協働の重要性が認識されていたといえる。専門家のネットワークには ERA 研究，DP，BEIP の関係者も含まれており一つの国の中での協働ではなく，多国間の協働であった点も特徴的である。2010 年 9 月にトルコでフェアスタートプログラムに関する会議が開催され，科学者，政治家，実践家の 3 つのグループが参加した。その後プログラムの最終版が英語，トルコ語，ドイツ語，ルーマニア語，ギリシャ語，イタリア語，スペイン語（カタルーニャ語）に翻訳され，インターネット上でフェアスタートプログラムとして公開[164]された。本書では，乳幼児社会的養護の取り組みにおいては，研究・実践・施策の協働が重要視されていることを何度も取り上げてきたが，フェアスタートプログラムにおいても同様であり，研究・実践・施策の協働の中で生み出されたプログラムであるといえる。

　その後，フェアスタートプログラムは，欧州内の他国への普及を目的とし，施設スタッフ用と里親用それぞれのプログラムの開発を志して新

163　EU内で社会的養護下にある子どもをEU市民として自立した大人に育てるために，それにかかわるスタッフのための生涯教育として位置づけられている。また，子どもにとっては「その後の発達を支える学び方を学ぶ」上で重要な乳幼児期に，専門性が高い養育者にケアされることで，生涯にわたる利益を家庭で育つ子どもと同様に保障されることが意図されている。「フェアスタート」という名称には，このような意味合いが込められている。
164　http://www.train.fairstartedu.us（2014年8月23日アクセス）

たなEUプロジェクトであるトランスフェア (transFAIR) が2012年に立ち上げられた。

　さらに，インドネシアの民間団体とインドネシア政府との連携の下，フェアスタートプログラムの孤児院スタッフ研修への取り組みが実践された[165]。欧州以外の国からのプログラムへの関心が高まったこともあり，いくつかの団体からの支援の下フェアスタートグローバル (Fairstart Global) がNGOとして設立されるに至った。フェアスタートグローバルは，フェアスタートとトランスフェアという2つのEUプロジェクトをさらに発展させたものであり，欧州を越えてアジア・アフリカ等における社会的養護下の子どもの生活の質の改善を実践し，子どもが幼少期に必要なケアを十分受けられるよう取り組みを拡げていくことを目的として設立された。

　現在は，2008年に里親・施設スタッフ共用のプログラムとして開発されたオリジナルバージョン (http://www.train.fairstartedu.us) と，2012年からトランスフェアとして施設スタッフ用，里親用で別々に作成された新バージョン (http://fairstart-train4care.com/) が運用されている。フェアスタートグローバルのホームページでは，ヨーロッパ用プログラムとアジア用プログラムとしてそれぞれの国ごとにすでに翻訳されたものが紹介されているが，現時点ではヨーロッパ用プログラムとして紹介されているのは新バージョンがほとんどである。もともと里親・施設職員兼用の乳幼児を対象とした一つのプログラム（オリジナルバージョン）であったが，その後，上記の経過を経て現場のニーズに合わせるかたちで年長児や思春期年代の子どもも対象とし，施設，里親それぞれのニーズに合わせるかたちで新バージョンが作成されている。オリジナルバージョンも，当初よりもさらに実証的研究成果を明確に取り入れるか

165　http://issuu.com/mortenjac/docs/fairstartglobal.generel（2014年8月23日アクセス）によれば，インドネシアでは40万人の子どもが8,000の孤児院で生活しており，多くの子どもを少ないスタッフでケアしている現状がある。現地NGOのREACTからの依頼で開始された研修では，プログラムの現地語翻訳を作成の上，320人の孤児院スタッフリーダーと，10人のトレーナーへの研修をすでに終えており，このパイロットプロジェクトはすでに3,000人の子どもの生活の向上に役立っていると報告されている。

たちで加筆修正が繰り返されて現在のバージョンとなっている。ライガードとのこれまでのやり取りからは，現在もそれぞれのプログラムは改訂中であり，今後も現場での実践からのフィードバックを取り込みながらさらに発展していくと考えられる。

アタッチメント理論に関する理解等，それぞれのプログラムで共通している部分もあるが，それぞれのニーズに合わせて新しく加えられた箇所もある。次項では主に拙稿（2013）で扱ったオリジナルバージョンの内容に沿って述べるが，新バージョンについてもその基本的な方向性や考え方は変わっていない。新バージョンの内容やこのプログラムの展開を考えるにあたっても，まずは基盤となっているオリジナルバージョンについて理解することが重要である[166]。新バージョンにおける主な変更点については本節末で言及する。

第3項　フェアスタートプログラムの内容と意義
（1）フェアスタートプログラムの概要

社会的養護（施設，里親に関係なく）の下にある子ども，特に乳幼児に対するケア提供者のケア水準向上を目的とする。

インターネット上で無料受講可能な，1回約2時間，全体で15回のセッションで構成されている。期間は1〜2年間を想定し，焦らずに，学習による実践場面での変化を確認しながら，それぞれの施設（里親）のペースで進めることが重視されている。

以下3点を基盤に具体的なセッションが展開されるかたちとなっている。

①幼少期刺激の脳発達への影響に関する研究
②施設養護の子どもの発達に及ぼす影響に関する研究（アタッチメン

---

[166] これらのプログラムの日本語版は http://fairstartglobaljapan.org/training.html でその内容を確認できる。この日本語版プログラムについては，米国のNGOであるTranslators without bordersの協力と，2012年度長野大学研究助成，そして2013年度公益財団法人北野生涯教育振興会研究助成をもとに米国在住の翻訳家，川村佳子（Yoshiko Bedillion）氏の協力を得て作成したものである。

ト理論に関連）

③組織の発展（スタッフや管理者の関係が子どものアタッチメントや仲間関係に及ぼす影響）に関する研究

　また，各セッションは，前半で理論の理解と現状との比較，後半で今後の方針の具体的な議論と計画で構成されている。セッション間の課題への取り組みが重視され，動画や写真等で記録しながら，確実な評価とともに進められる。決まったモデルや方法をそのまま取り入れて実施するのではなく，理論を理解した上で，それぞれの置かれた現状に合わせてその施設なりの独自の実践や方法を創出することに主眼が置かれ，その過程が重視される。また，ケア提供者の個別の能力を高めるために，それを支える職場管理者の理解と変化が必要とされることが何度も強調されている。

（2）フェアスタートプログラム・ハンドブックの内容
1．プログラムの基本方針

　15回のセッションを円滑に進め，このプログラムの効果を最大にするためにインストラクターと施設リーダー，里親委託管理者等に向けてハンドブックが用意されている。そこにはフェアスタートプログラムについての理解を深めるための説明とともに，具体的なセッションの実施にかかわるアドバイスも多く提示されている。

　また，フェアスタートプログラムの9つの基本方針[167]も述べられているが，以下にそれぞれについてハンドブックの内容をもとに若干の説明も加え，要点を示す。

　①「（施設や里親家庭など）地域の支援者と適切なケア実践の発展のために，積極的に協働して取り組むこと。」
　これは参加者こそが施設の専門家であることの提示である。

167　Rygaard, N. P. and Bodil Husted, the Fair Start Project Group, *HANDBOOK FOR USERS OF THE FAIR START PROGRAM*, 2008, pp.8-15.

②「実践を発展させるために，すでに地域にある子どもケアの伝統を利用すること。」

これは，スタッフ自身が自分の養育経験も振り返りながら，子どもの養育に関する地域の文化や伝統も生かしつつ，新しい方法を作り上げていくことを示している。

③「日々の刺激によって，幼い子どもの脳の活動を向上・発達させること。」

幼少期の脳への刺激は，ERA研究やBEIPも含めて，これまでのさまざまな先行研究の結果から，特に知的な発達のための重要な要素の一つとされてきたが，ここでも脳への刺激の重要性を示している。

④「子どもに安全なアタッチメント形成を促進するために，一貫したケア提供を発展させること。」

基本的なアタッチメント理論に基づき，アタッチメントの型分類を理解し，子どもの行動の真意を誤解しないようにする。そしてその理解をもとに，子どもにとって一貫性のある行動をとれるように努めることの重要性が提示されている。

⑤「どのような日常業務の中にも社会的相互作用が存在するということに気づき，実践すること。」

これは，非常に重要な観点である。日常業務（the practical task）と人間関係上の課業（the relational task）を常に意識することの重要性について示されている。たとえば，おむつ替えという日常業務に取り組みながら，子どもに声かけしたり，触れたりするなど，人間関係上の課業を維持し実践すること，それを常に意識していることが重要であるという指摘である。そのバランスをどのように維持していくかが実践上の課題となる。

⑥「健康的なアタッチメントとソーシャルスキルを促進するために，子どものための家庭的集団作りをすること。」

家庭的集団を作ることで，病院モデルにみられる弊害を取り除く。重要なことは，同一のケア提供者が可能な限り長く子どもといられるようなケアを提供することである。それを可能にする施設内のさまざまなシ

ステムの改善が必要とされる。スタッフ個人の努力だけではなく，一日のスケジュールや勤務体制などの再検討が必須とされる。

⑦「アタッチメントと社会性発達のために，家庭的集団の中で（同胞的）仲間関係を大切にすること。」

ハンドブックでは，仲間関係の重要性が，同胞（兄弟姉妹）関係に関するいくつかの実証的研究を挙げて説明されているが，仲間関係の重要性を直接的に示唆する実証的研究も存在する。たとえば，第3章第1節第2項で紹介したヴォリア（1998 a, b）でも高水準施設での社会的関係性についての興味深い考察がなされている。この研究結果は，乳幼児期のアタッチメントの問題だけではなく，社会的養護（施設養護，家庭養護にかかわらず）となってからの仲間関係にも十分留意する必要があることを示している。

⑧「子どもたちに基本的な社会的，情緒的，認知的な学習の機会を提供すること。」

これについては，ハンドブックの中に以下のような記載がある。
「生まれた時から，学びのほとんどは情緒的社会的なものであり，生まれて最初のケア提供者である親や専門的ケア提供者との関係の中で子どもは『学ぶことを覚える』。子どもは安全基地があると感じた時にだけ，いろいろと試してみたり，遊んだり，探索したり，社会的かかわりをもち始めるようになる。子どもの学びにとってケア提供者の重要な役割は，初期の相互的やり取りの中で乳幼児が『学ぶことを覚える』のを助けることにある。ケア提供者・親の相互的やり取りは，学校や生活全般における必要度の高い一連の学習に関する能力を伸ばすことにつながることを十分に意識しておく必要がある。」

⑨「子どもたちを社会生活に参加させ，施設や里親家庭と地域との間のやりとりの機会を作り出すこと。」

社会的養護の地域化は，社会的養護内虐待への対応においても課題とされることであり，施設や里親家庭の透明性を保障するものでもある。地域に開かれていることの重要性が示されている。

２．プログラムの教育形態の特徴

このプログラムでは，参加者が知識を与えられるのではなく，自ら学習することの重要性が伝統的教育との違いとして強調されている。すでに完成されたモデルを導入するのではなく，自分たちの方法を作り出していくことを可能にする教育形態である。ハンドブックでは「正式な学校教育」「職場での学び（on the job）」「仕事中に学ぶこと（in the job）」について説明しながら，以下のように特徴を説明している[168]。

「正式な（形式的な）学校や教育機関で学ぶこと」は，その学びが実践とは離れた場所で行われることを意味する。学校や教育機関の中で得られた能力は，後々専門職として生かされなければならない。学校や教育機関では自然で容易に思われるようなことが，現実の中でまさにそのとおりであるということはないかもしれず，実際には，組織のもつ文化や雰囲気，知識，伝統そして習慣など多くの条件の下で，さまざまな課題に特別な方法で取り組むことになる。

「職場で学ぶこと」は，学びがその仕事と非常に近い関係で行われることを意味する。そこでの学習は計画されたものであり，意図的であり，特定の課題に方向づけられている。

「仕事中に学ぶこと」は，働いている間に学びが生じることを意味する。計画された学習ではなく，意図せずに起こり，自分が学んでいることにも気づかないかもしれない。スタッフにとっての学びの場は職場であり，仕事の最中ということになる。

フェアスタートプログラムは，学校や教育システムで実施されるような，正式な（形式的な）学習ではなく，職場での意図的な学習となる。学習と能力の開発は，施設での子どもケアの望ましい発展につながる。さらに，このプログラムでの学習は評価のトレーニングも含む。つまり，どのように実践されているか，また，どのようにして，さらに発展していく可能性があるかについて，スタッフは常に気にかけ，評価するようなトレーニングも組み込まれている。自らの仕事に従事しながら，その

168　Rygaard, N. P., et al., *op. cit.*, pp.22–23.

実践について議論し発展させていくようなスタッフを生み出すように意図され，さらに，ケア提供についての教育だけではなく，組織としての発展や質の高いスタッフ間の協力の過程を確立することも考慮されている。

ライガード自身もコメントしているが，素晴らしい施設設備や専門家の協力があったとしても，日々子どもとかかわるスタッフ自身に実践で生かせるような教育がなされなければ，実際には何も変わらない。すでに現場にいる子どもに影響を与えているスタッフへの教育の重要性が示されている。里親委託におけるケアの質の維持や向上を考える際にもこの方法，形態が有効であると考えられる。

3．その他の特徴的内容

フェアスタートプログラムのセッションを開始するにあたり，リーダー（施設養護や里親委託の管理者）の覚悟を明確にすることとスタッフの積極的参加の重要性，反対意見への具体的アドバイスや，スタッフへの周知とそのタイミングなどについても明示されている。さらに，スタッフに対してはこのプログラムへの参加を専門的職務の一つとして位置づけた説明の必要性も示されているが，同時に，良くも悪くも組織の変更をともなう根本的な考え方や価値観に触れるプログラムとなるため，その反発も予想しながら，注意深くセッションを進める必要があることが，具体的な説明方法も挙げて強調されている。

また，ハンドブックでは，リーダー，インストラクター，スタッフのそれぞれの役割と責任について具体的に述べられている。インストラクターについては，セッションについてよく理解し，リーダーとの協力の下でプログラムを進行する責任を負う者としてリーダーから任命される。小規模施設においては，リーダーの兼務や外部の専門家が任命されることも可としている。また，それぞれが取るべき行動，セッション間の実践課題の進め方，課題達成の評価方法に関する話し合いをもつこと，そして，それぞれの責任者の決定など，実践後の再評価とそれを次につなげるというように，ただ学ぶだけではなく実際にケア現場の状況が変

化（改善）していくことが重視されている。

　プログラム開始前と終了時に（場合によっては途中でも）スコアカードを使用して，リーダーとインストラクターそれぞれの視点からアセスメントし，話し合いがもたれる。

　スコアカードには，リーダーが使用するもの（質，満足度，職場環境，スタッフ間の関係，スタッフとリーダーの関係などを評価）と，インストラクターが使用するもの（日常のケア，アタッチメント，子どもへの刺激，スタッフと子どもの関係，子ども間の関係，さらに子どもと地域との関係等を評価）がある。リーダーとスタッフとの関係がスタッフと子どもとの関係に影響するという考えのもと，職員間や管理者と職員との関係性にも意識が向けられている。

（3）フェアスタートプログラム各セッションの内容[169]

　当初よりインターネット上で公開されているフェアスタートプログラム・オリジナルバージョン（英語版）の15セッションのテーマを以下にまとめて示した（表4-3）。それぞれのセッションについて取り上げ，概略をまとめながら，その意義や他の研究成果との関係等について確認しておこう。

　セッション1では導入として，このプログラムの目的，方法，進め方など基本事項が説明される。参加者同士のインタビューでスタッフ自身の養育方法や養育・被養育経験（自分自身の幼少期のアタッチメントや喪失体験）について話し合うことを通して，それらが専門職として働くにあたっても役立つという理解を深められるように工夫されている。また，参加者が今後のセッションで繰り返される話し合いの方法，新しい教育方法に慣れることも目的とされる。最後に次回セッションのために，子どもが施設のケア提供者との別れに際してどのように反応するかを記

---

[169] 各セッションの英語版についてはhttp://www.train.fairstartedu.us（2014年9月10日アクセス）で閲覧可能。ただし，本研究期間中にも内容が部分的に追加・更新されることがあり，今後本稿の記述との間に多少のずれが生じることも考えられる（新バージョンとハンドブックについても同様）。

表4-3　フェアスタートプログラム（オリジナルバージョン）　15セッション[170]

1	イントロダクション：フェアスタートトレーニングについて
2	基本的アタッチメント理論の理解：専門的ケア提供者としての基盤について
3	専門的ケアの提供について
4	病院モデルについて
5	社会的養護下の子どもにみられる不安定型アタッチメントについて
6	トレーニング中になすべきことについて：評価と調整
7	安全基地モデル（家族的集団形成と社会的関係の継続）について
8	ケア提供者の対応形態と乳幼児の脳の発達について
9	日常業務の中で関係性を深めることについて
10	アタッチメントのための家族的集団形成について
11	仲間関係を深め発展させることについて
12	社会的，情緒的，認知的学習の増進について
13	施設，里親等委託先とコミュニティとの間の関係づくりについて
14	スタッフ全体の発展過程の評価について
15	今後の発展と知見の共有について

録し，参加者の議論につなげられるよう準備することが課題として設定され，さらに，この課題遂行のための責任者も明確にするよう指示がある。このようなセッション間の課題提示とその実施責任の所在の明確化は，ほとんどすべてのセッションで共通しており，このプログラムの重要な要素となっている。

セッション2では，専門的ケア提供者の基盤として，アタッチメント行動，子どもに安全基地を与えるケア提供者の行動，探索行動について学ぶ。どのように子どもに安全基地を提供できるか，また，探索行動の重要性の理解とそれをどう促すかについて具体的な知識の習得を目指す。

この知識をもとに自らの実践で子どもの様子を観察し，次回までにアタッチメント行動や安全基地を提供できているケア提供者の様子，また子どもの探索行動の様子などを映像として記録する。このようにセッション以外でも日常業務の中で情報を集める作業を通して，アタッチメント理論に基づく見方に慣れていくことが求められる。

セッション3では専門的ケアの提供について，ケア提供者が実践する

---

[170] 上鹿渡和宏（2013），前掲書，pp.19-22の記載をもとに作成した。

日常業務と関係性の取り組みのバランスについて映像資料による具体例をもとに議論し理解を深める。また，4つの基本的なアタッチメントパターン（安定型，回避型，抵抗型，未組織・無方向型）について理解し，それらの特徴的な行動を示す子どもへの対応や子どもに安全感を与える対応，さらにそれらに対する子どもの反応について議論しながら学ぶ。重要事項としては，「相互的やり取り」「敏感に反応すること」「子どもにとって近づきやすい存在であること」「子どものように感じるのではなく，子どもとともに感じること」「子どもの考えや感情についてよく考え，それを子どもに伝えることで子ども自身が自分や他者の考え，感情を理解することを助けること」などが挙げられる。ここで学ぶ新しい対応を阻害するようなこれまでの考え，たとえば「子どもが自分にアタッチメントを形成してしまうと，別れの際に子どもも自分も悲しむことになる」というような考えについても議論される。次回までの実践として具体的な計画の立案，子どもへの対応の変化のための準備がなされ，その実践と記録が求められる。

　セッション4では，社会的養護に関する実証的研究によって明らかにされた科学的事実をもとに，病院モデルの問題点が示される。ホスピタリズムについての先行研究や最近の施設デプリベーションにかかわる研究成果（ERA研究等[171]）が反映された内容となっている。一方，現場でこれまで尽力してきたスタッフが罪悪感をもたないよう細心の注意も払われ，「このセッションの目的は参加者自身の実践をこれまでにもつことのなかった客観的観点で見直し，改善することにある」ということが再確認される。また，グループワークで自分たちの職場に，病院モデルに基づく実践や，病院モデルの価値体系が存在していないかチェックし，次回までに取り組むべき実践と価値観やその評価基準，実施責任者についても明確にする。これによって集団としての共通理解を深め，個人における理解や考えの変化に対する抵抗も軽減すると考えられる。

　セッション5では，幼少期にアタッチメントの問題を抱えた子どもの

171　開発当初の内容に比して改訂後はさらにBEIPの成果が具体的に盛り込まれ，病院モデルによるケアの乳幼児期の子どもの発達への悪影響をより強調する内容となっている。

行動をどのように観察し認識するかについて学ぶ。ケア提供者はアタッチメントのパターン分類に慣れ，子どもの行動を単純に問題行動や反抗的態度とみなすのではなく，子どもの幼少期の経験の結果としての不安定な行動であることを理解し，怒ったり，失望したりすることなく，落ち着いて穏やかに反応すべきであると指示されている。専門家としての役割は子どもに安定型のアタッチメントの機会を与えることであり，それには，より早期からの対応が重要であることが研究結果をもとに強調されている。具体的な子どもの行動の分類とその対応計画が次回までの課題となっている。

　セッション6では，これまでの5回のセッションを振り返りながら，各自の理解度を確認し，また，単なる知識習得に終始していないか，実践として進展しているか，さらに，協力関係が形成されているかについて評価し，今後のための調整を行う。セッションの後半ではリーダーも参加して，スタッフ，リーダー，インストラクターの間での相互インタビューが実施される。セッション全体を通して，実践だけでなくその後の「評価」が重視されており，評価方法についても明確にすることが常に求められる。このプログラムは関係するスタッフ間の共通理解と協力関係の形成促進も目的としており，進展が不十分な場合は同一のセッションを繰り返すことも推奨されている。また，具体的な決定事項についてフォローするための責任者を決定する等，システムとして質を維持する方法が具体的に指示されている。このようにスタッフ個人の理解・対応だけではなく，システムとしての取り組みの推奨はこのプログラムの随所にみられる大きな特徴である。

　セッション7では，子どもの2つの基本的ニーズとして，安定したケア提供者との長期にわたる個人的関係と仲間集団への帰属意識（社会の一員となること）の重要性を理解する。子どもが施設で成長する場合には，できる限り長い時間，同じケア提供者が担当すべきであると示唆されるが，そのためにはスタッフの勤務スケジュールや勤務体制などの調整が必要となる。個別対応にすべてを任せるのではなく，システムの改善が必要であり，リーダー（施設管理者）の関与の重要性が明示され，

問題解決のためのスタッフとリーダーの相互インタビューと話し合いが設定されている。その際，インストラクターは決定権をもたず，調整役としての機能を果たすべきであり，改善可否の責任はインストラクターではなく，スタッフとリーダーの交渉の結果にあることが強調されている。

セッション8では，脳の発達にとっての皮膚刺激やバランス感覚といった刺激の重要性を理解し，スタッフが日々繰り返される業務の中でそのような刺激を子どもにどのように与えるか考え，実践することが求められる。道具や器具等の準備が必要な際には経済的問題が生じるが，その具体的解決のためにリーダーの参加が必要とされる。このように個々のスタッフが対処法を具体的に学びつつ，それが実践できるような環境を同時に作っていくことがフェアスタートプログラムの特徴である。サンクトペテルブルク－米国孤児院研究で明らかにされた，構造改変（structural change）の重要性[172]を取り入れた実践ともいえるのではないだろうか。

セッション9では，子ども集団に対してどのように長期的に安定したケア提供者との関係を与えられるかについて検討する。事前にそれぞれの子どもがどのようなケアを受けているか，スタッフの交替回数や子どもの様子を観察して準備がなされる。セッションの中では実践のためのさまざまな工夫や対応が提示され，物理的環境も含めてどのような改善が可能かについてスタッフ間で話し合う。これまで述べられてきた特定の大人との個別ケア継続の必要性の理解に基づき，それを実践するための状況が作られているか，できていなければどうするか，リーダーも含めて調整のために話し合うことが促されている。スタッフの考えをインストラクターがリーダーに伝え，経済的問題も含めて解決の方向へ進めることが必要とされる。

---

172 サンクトペテルブルク－米国孤児院研究の説明（第3章第1節第3項）で示したとおり，子どもたちの最善の発達のためにはスタッフのトレーニングだけでは不十分であり，施設内のさまざまな構造改変が重要であるが，フェアスタートプログラムについてはこの知見が随所に取り入れられている印象を受ける。

セッション10では，ケア提供者や子どもの個別の観点からだけではなく，集団という観点で日常業務としての取り組みと，関係性の取り組みの質の向上が検討される。家族的集団の中で，どのようにして私たちは健康的な集団的アイデンティティや文化を維持できるか。安全な集団，同じ集団に居続けることの重要性などが取り上げられ，さまざまな方法について議論がなされる。

　ライガードによれば，セッション10から12では，子どものアイデンティティについて，個人として，また，集団としての発達支援が取り上げられる。その後の社会的関係性に影響する仲間関係や，幼少期にデプリベーションやトラウマの経験を有する子どもが学齢期に示す学習能力の問題に対しての予防的対応についても示されている。さらに，セッション13では社会的養護下で育った子どもが，ケアを離れる際に孤立しないよう，子どもが地域社会の一員としての自覚をもてるように，地域との壁をなくすこと，地域の資源を可能な限り利用することが勧められている。これも，後に子どもに生じる問題に対しての予防的対応とも考えられる。

　セッション11では，子どもの社会的関係をどのようにサポートするか，子どもの社会性の発達を支えるために何をすべきかについて理解が求められる。子どもがケア提供者との間で身につけたソーシャルスキルが子ども同士の関係の中に引き継がれるが，ソーシャルスキルの学習不足によって子どもの問題行動が増加し，大人はそれを過剰に禁止することになる。このような子どもへの対応として，このセッションでは「どんな問題行動であっても，それは子どもが社会的に振る舞おうとした表れであると理解して対応する」「重要なのは子どもがしてしまったことではなく，そのやり方であることを意識して対応する（禁止だけでなく適切なやり方を示す）」「ソーシャルスキルを段階的に教える」という3つのルールが提示されている。また，子ども集団の成熟度に合わせて子ども自身にも役割を与えて責任をもたせること等が具体的対応として挙げられている。

　セッション12の目的は，就学後の学習のために必要とされる子ども

の認知能力や社会適応に関する支援の方法を知ることである。最初に社会的養護下の子どもがどのようにして教育や就労の場から排除されてしまうのか説明がなされる。そして，学びとは人生の全過程にわたるものであり，安全基地を提供するケアによってもたらされる探索行動が学習過程の基盤となって発展していくものであるとされ，したがって子どもに安全基地を提供するケア提供者の行動や日常業務と関係性の取り組みのバランスは，後の学習能力の向上を考える上でも非常に重要なものであるとの認識が参加者によって共有される。具体的な対応についても提示され，次回までの課題としてその実践が求められる。

　セッション13では，施設や里親等委託先とコミュニティとの間の障壁を取り去るための具体的取り組みが提示される。フェアスタートプログラムは，社会的養護下にある子どもを地域生活における対等なパートナーという立場に引き上げることも重要な役割の一つとしている。社会的養護の問題は地域の問題であること，施設や里親だけの問題ではないという理解，地域や社会が育てる（社会的共同親[173]）という理解が重要であるが，その実践がセッション13で具体的に計画されている。また，社会的養護内虐待（施設，里親いずれにおいても）の問題を考える際には，透明性の確保という意味で地域化は重要な課題であり，地域との壁をなくすためのさまざまな具体的方法が示されている。積極的な社会的自己の確立と社会生活への参加を目指すフェアスタートプログラムの中でも非常に重要なセッションであると考えられる。

　セッション14では，ケア提供の状況とスタッフ，リーダー，インストラクターの協力関係の評価をこのプログラム開始当初とこの時点で，スコアカードを使用して比較する。評価項目は「ケア提供の実践について」「子どもの発達と子ども・ケア提供者の関係性について」「子どもケアにおける理論と実践の習得度について」「リーダー，インストラクター，スタッフの関係と協力関係について」「地域や施策策定者との関係について」の5つの領域それぞれについて検討される。

---

[173]　ホルマン，前掲書，pp.330-333参照。

セッション15では，プログラムの終了後も施設養護を改善し続けることのできる専門家ネットワーク，地域ネットワークの構築について計画する。これは，施設や里親の孤立化によって社会的養護内虐待が引き起こされることを予防する役割も果たすとされる。また，フェアスタートプログラムについて他の施設や里親委託機関などに紹介し，希望のある場合には支援，スーパーヴァイズ等を引き受けることも確認されている。

　以上，フェアスタートプログラム（オリジナルバージョン）の15セッションの内容を概説した。
　国連やEUなどで明確に示されている乳幼児社会的養護における家庭養護への移行については，実証的研究の裏づけもあり，今後，将来に向けて揺らぐことなく実践されるべきである。その際には家庭養護におけるケアの質をどう維持するかが問題になる。一方で，多くの実践家が遭遇する現在の問題，施設養護の下にある現在と今後家庭養護への移行が完遂されるまでの期間，施設で生活する子どもの最善の発達を保障するために何をすべきかについても問題となる。フェアスタートプログラムは，これまでの社会的養護に関する実証的研究やそれに基づく理念に依拠しながら，これらの実践的課題に取り組もうとするものであるといえる。
　また，フェアスタートプログラムでは，世界の孤児の状況に鑑み，当初より多文化での適用も意識され，また各国においても個々に異なる施設文化やケア水準が想定されていた。そのため，プログラム参加者に対して固定したモデルを提供するのではなく，参加者に個々の方法を創出するための科学的研究成果に基づいた知識と理論，そして話し合いの機会と協力関係を提供するプログラムとなっている。さらに，問題解決のためにシステムとしての対応と構造改変の必要性を強調し，プログラム開始前からプログラム実施の期間全体を通してリーダー（管理者）を十分に関与させていることが，このプログラムの実効性を保証しているといえる。このプログラムの扱う問題は福祉や医学領域のみで解決する問題ではなく，教育的，文化的，宗教的，政治的，組織的な課題も絡み合

う扱いの難しい問題であると考えられており，開発当初より研究者，実践家，施策策定者の協働を重視している点も特徴的である。

　すでに，各国において孤児院で暮らす乳幼児の発達をそれぞれに可能な最善のかたちで実現するための準備が進められており，今後の展開が期待される。

　ところで，既述のとおりフェアスタートプログラム（オリジナル・バージョン）は当初，施設と里親両方におけるケア提供者を対象としたプログラムであった。ただし，当初のハンドブックの冒頭には「里親家庭支援・管理者（foster family manager）のための特別版は後ほど作成される予定です。それまでの間はこのハンドブックがヒントを与え，役立つでしょう」と記されていた。乳幼児社会的養護における施設養護から家庭養護への移行に関して，ライガードが挙げた2つの問題をすでに提示したが，その一つ目の問題「多くの国で，今後もしばらくの間，残ると考えられる施設で生活する子どもにどう対応するか」については，オリジナルバージョンが有効と考えられた。しかし，2つ目の問題「拡大する里親委託におけるケアの質をどう維持するか」の対応としては，オリジナルバージョンの15セッションの内容だけでは不十分であり，その後，2つ目のEUプロジェクトであるトランスフェアによって里親用と施設職員用の2つのプログラム（新バージョン）が作成された。施設用は年長児，思春期への対応についてもより意識した内容になっている。里親用プログラムについては，里親養育特有のニーズに基づき表4-4のとおり内容が加えられている[174]。

　新バージョン里親用プログラムでも，アタッチメント理論や脳発達への影響など基本的な研究成果や理論についてのセッションは同様の内容で構成されている。その一方でセッション3，11，13，14等は施設よりも養育者との個別の関係が強くなる里親養育においてより必要とされる

---

[174] 「フェアスタート ユーザーガイド・ハンドブック――里親家庭での適切な養育のためのフェアスタート・トレーニング・プログラムの実践方法」(2014年) (http://fairstartglobalja-pan.org/training/New/FosterParents/PDF/handbook_foster_families_JA.07212014.pdf〔2014年8月23日アクセス〕）

表4-4　フェアスタートプログラム（新バージョン里親用）　15セッション[175]

1	イントロダクション――学習および開発プロセスについて
2	一般家庭から里親家庭へ――家庭が職場になる
3	里子の受け入れ
4	アタッチメント理論の基本的な理解――職業上の養育実践のためのプラットフォーム
5	養育者の接し方と乳幼児の脳の発達
6	専門的養育の実践アプローチ――里子の反応（愛着行動パターン）
7	喪失からの立ち直り――喪失と分離によるさまざまな反応を克服するための手助け
8	トレーニングの中間確認――評価と調整
9	子どもたちの不安定な愛着反応
10	つながりを教える実践タスクの推進
11	わたしはだあれ？――断片化された生い立ちから肯定的なアイデンティティの形成
12	行政・支援団体との連携
13	実親との連携
14	思春期の里子と巣立ち
15	学習プロセスを通じて培われた専門能力

内容と考えられる。

　セッション3は，子どもが新しい家庭（里親）に移行するにあたってどう手助けするかという課題が具体的に取り上げられている。10ステップモデルの説明でも挙げられていたように，施設から里親への移行において，最も大切な部分であり，ここでの経験を通じて家庭養護が子どもにとっての最善の利益になるかどうかが決まる重要な対応になることを明確に意識しておく必要があろう。

　セッション11は，それまでに子どもが何回かの措置変更を経験していると想定しながら，養育者との度重なる別れの中で断片化されていると考えられる子どものアイデンティティについて，どのように対応し子

175　同上書をもとに作成した。

どもの自尊心を高めるかについて取り上げられている。この内容は新バージョンの施設用プログラムにも組み込まれている。

　セッション13では，委託されている子どもの実親との連携について取り上げられている。家庭養護の下で特に明確になる忠誠葛藤（実親と里親，両者への子どもの思い・葛藤）を和らげ，委託終了後の生活に向けての準備が検討される。家族再統合に関するセッションである。

　セッション14では，思春期になった子どもの委託が終了し自立していくにあたってどのように子どもを支えるかが話題とされている。これは新バージョン施設用プログラムでも取り上げられている。

　フェアスタートプログラムについても，当初は欧州内での問題解決を目指し，研究・実践・施策の協働の下，実証的研究成果を現場に生かすかたちで取り組みが展開されてきたといえる。その成果をもとに，さらに欧州以外の現場や研究者からの要請が強まる中で欧州を越えた取り組みが展開されつつある。子どもの養育方法について，国や文化，経済的状況が異なる中で，欧州での実践をもとに開発されたプログラムやシステムが有効であり続けられるかどうかは今後の課題である。しかし，ルーモスやフェアスタートの取り組みはいずれも，個々の実践での成果を評価し，それをもとにして再度自己構築していくというプロセスをもち合わせていることや，さらに，取り組みの継続性を担保するために，システムの高位にある管理者や施策策定担当者等を当初より巻き込みながらの展開を重視していることを考慮すれば，子どもの最善の利益を目指した継続的な取り組みとして欧州以外の国での実践展開も十分可能と考えられるのではなかろうか。

第3節　里親のケア水準向上のためのフォスタリングチェンジ・プログラム[176]と多次元治療里親委託（MTFC）の具体的内容

　第3章第4節で概要とその評価について取り上げた2つのプログラムの実際について，ここで検討してみよう。

第1項　フォスタリングチェンジ・プログラムの実践内容

　フォスタリングチェンジ・プログラム開発の背景と経緯，評価の詳細についてはすでに説明したが，概要を振り返りながらプログラムの実際についてみてみよう[177]。家庭養護については先進的な取り組みがなされている英国でも，社会的養護下の子どもはさまざまな問題を抱えており，対応は困難で不調なケースも多く，実効性ある支援システムの必要性が指摘されてきた。これまでにさまざまな研修が実施され，その成果と課題が明らかにされてもきたが，子どもと養育者の双方に明確な効果をもたらすものは少なかった。特に研修が単発で一貫性がないことは大きな課題であった。

　このような状況下，フォスタリングチェンジ・プログラムは，児童精神科医療の実践研究でも有名なモーズレイ病院（ロンドン）の養子縁組・里親支援チームが中心になって1999年に始められた。前述のとおり，プログラム実施後の評価もなされ，子どもと里親の関係性，子どもの問題行動，情緒的徴候について大きな改善がみられており，また里親は新たに委託される子どもに対してスキルと自信をもって臨むことができるようになっている。

　プログラムとしては，まずファシリテーターとなる担当ソーシャルワーカーが里親宅を個別に訪問，規定の聞き取りを実施し，その情報を

---

[176] 筆者はフォスタリングチェンジ・プログラムについて，2013, 2014年度の長野大学研究助成をもとに研究を継続しており，その過程でロンドン大学キングスカレッジにあるフォスタリングチェンジ・チームを2度訪問した。これまでに里親用ハンドブックを翻訳出版し，プログラム実施のためのファシリテーター養成コースにも参加して日本への導入可能性を探っている。
[177] 上鹿渡和宏「フォスタリングチェンジ・プログラム（FCP）の可能性——ファシリテーター養成コースに参加して」『ファミリーホーム　みんなの広場』日本ファミリーホーム協議会, 5, 2014a, pp.10-13 の内容をもとに加筆してまとめた。

第4章　施設養護から家庭養護への移行に関する実践展開　　115

表4-5　フォスタリングチェンジ・プログラム　セッション内容[178]

	題目	具体的内容
1	グループの立ち上げ，子どもの行動の理解と記録	子どもの経験，発達に関する理解と問題の再認識
2	行動に影響すること，先行する出来事と結果	アタッチメント理論，社会的学習理論，ABC分析
3	効果的にほめること	子どものニーズと不適切な養育の関係，養育者自身の経験の話し合い
4	効果的な注目	遊びの役割，アテンディング，説明的コメント
5	子どもが自分で感情をコントロールするためのコミュニケーションスキル	子どもの感情理解とコントロール能力への注目，子どもの視点
6	子どもの学習を支える	教育の状況，特別なニーズ，読むことの支援，マイナスの自動思考
7	ごほうびとごほうび表	「私は」メッセージ，適切な行動への変化とその強化
8	指示を与えること，選択的に無視すること	効果的な指示，賞賛，無視の方法
9	肯定的なしつけと限界設定	家族のルール，自然な結果，合理的な結果，子ども自身の学びを支持
10	タイムアウトと問題解決のための方法	適切なタイムアウトの実施方法，問題解決方法
11	まとめ	子どものライフストーリー理解を助ける，次の学校への移行，内容の振り返り
12	今後について，養育者自身のケア	支援者のケア，自尊感情の重要性

グループでのセッションに生かす。この個別訪問による事前の関係作りによって，プログラムへの里親の参加・継続率が高く維持されているともいう。週1回3時間程度，里親グループでのセッションを12回（約3か月）続ける。ペアレントトレーニングの要素（子どもの行動のとらえ方，ほめ方の工夫など）も多く含む実践である。　筆者はこのプログラムの里親用ハンドブックを翻訳出版[179]しているが，その原書の表紙には道具箱

178　Bachman (2011), *op. cit.* の内容をもとに作成した。
179　パレット，クレア他，（上鹿渡和宏訳）『子どもの問題行動への理解と対応——里親のためのフォスタリングチェンジ・ハンドブック』福村出版，2013年。

が描かれており，子どもと良い関係を築き問題行動に対応するためのさまざまな方法が紹介された，まさに役立つ多くの道具を詰め込んだようなハンドブックである。それぞれの里親が，その中から状況に応じて自分に可能な方法を選んで実践していくことが勧められている。表4-5にその概要を示した。内容をみると，子どもの視点を重視し，子どもの問題行動をどう理解するかを意識し，里親に個別の「答えを与えるプログラム」ではなく，里親が「自分で問題を見つけるための方法や考える枠組を与えるプログラム」であるといえる。さらに，里親自身の自尊感情や自信を回復するという支援者サポートの観点が含まれていることも特徴的で，子どもとの関係を通して子どもの自尊感情の改善にもつながっていると考えられる。

筆者は，2014年3月にロンドンでファシリテーター養成コースを受講する機会を得た。フォスタリングチェンジ・トレーニングセンターのホームページ[180]に詳細が掲載されているが，コースの実際をここに紹介しておこう。

里親担当として現場で里親家庭を支援しているソーシャルワーカーが受講し，地域にもち帰り，すぐに実践することが想定されている。2人の講師が最大18人ほどの参加者に4日間かけて，実際にプログラムを実施しながら，必要な知識，里親への伝え方について習熟することを目指す。筆者の参加時には急なキャンセルがあり参加者は5人であった。すべて女性のソーシャルワーカーで自治体からのワーカー，独立機関からのワーカーがいた。中には元里子というワーカーもいた。参加したワーカーはこの研修の中で里親の立場も経験し，実際に今後自分が実施するプログラムはどのように体験されるのかを知ることになる。日程の半ばに一度実際にファシリテーターとしてセッションを実施し，互いに評価し合うという場面もあった。セッション実施にあたっては，配分時間等も含めて詳細が説明されたファシリテーター用マニュアルを参考に組み立てる。さらに提示用のパワーポイント資料，そして配布用資料，

---

180 http://www.fosteringchanges.com/fostering_changes （2014年8月23日アクセス）

事前事後の評価用アンケート等もすべてマニュアルの付録CDとして用意されている。これらを使用しロールプレイやディスカッション等を通して理解を深めていくのである。印象的だったのは，自分自身のこれまでの経験，子ども時代，里親としての経験を振り返りながら他の里親の話を聞き，そのセッションで与えられた専門的知識を吟味し，それぞれが家庭で使える状態にまで深めていくという方法である。ファシリテーターは多くの状況を演じ，参加者は必ず自分でもそれを実施し，体験し，その感想を話し合った。考えるだけではなく感じることも多いプログラムであった。その中で里子の役割も多く経験するため，子どもがどのように感じているのか考えることが多くあった。このようなさまざまな角度からのアプローチが他の同様なプログラムと比べた場合の違いであり，フォスタリングチェンジ・プログラムの優れた点であるという評価もある。

　このファシリテーター養成コースは，2009年から2011年までイングランドで開催され政府の支援も受けながら，プログラム実施地域が増えていったという。現在はその支援は終わったものの，自治体や独立機関からの申し込みがあり，継続して実施されているとのことであった。ファシリテーターコースの受講料については各参加者の所属機関から支払われていた。修了者はその後のフォローとして2〜3回のコンサルテーションを受けることが可能で，1回10〜20人でファシリテーターが集まり，プログラム実施にかかわるさまざまな相談があるとのことであった。

　筆者は，4日間の基本研修に加え，5日目にこのプログラムを思春期年代の子どもとの対応においてどう生かすかという内容の研修に1日参加した。コースを受講して感じたのは，幅広い知識をさまざまなタイプの学び（方）で身につけていくプログラムであるということである。参加者が（子どもとしての，親としての）自身の経験に照らし，他の養育者の経験からも学び，専門的知見やロールプレイ，グループ討論の経験からも学ぶという，さまざまなタイプの学びを通して，確実に実践につながり子どもと養育者双方に効果があるよう工夫されていると感じた。

ハンドブックにある以下の言葉[181]がこのプログラムをよく表している。

「……全ての問題に対して答えが得られるわけではありません。……しかし，あなた自身のやり方，あなたの家でのやり方で子どもを助ける方法がこのプログラムによって得られるでしょう。……子どもと良好な関係を作り……子どもだけでなくあなた自身や生活を共にする他の家族にとっても毎日がより過ごしやすくなることでしょう。そして長期的には，子どもがより適切な行動を学ぶことによって，子ども自身の人生が変わる可能性があるのです。」

また，このプログラムはこれまで主にイングランドで実施されてきたが，オーストリアとニュージーランドにも導入され，さらに英国内ウェールズでも実施され始めた。

第2項　多次元治療里親委託（MTFC）の実践内容

MTFCについては，第3章第4節第3項に挙げたような評価結果があるものの，現在も英国各地域で取り組まれ，その成果を検証中のプログラムであり，家庭養護への大きな流れを考える場合には見逃せない取り組みである[182]。社会的養護における家庭養護の割合が増加し，施設養護の割合が減少すると，施設養護の中で対応困難とされていた子どもが家庭養護でケアを受ける可能性が増大する。実際，家庭養護の先進国においてはこのことが問題になっている。これに対応するためには難しい問題を抱えた子ども（特に思春期）には特別な小規模施設で手厚くケアする方法が考えられ，今後家庭養護の増える中で施設養護が存続する一つの方向性として示唆されることも多い。他方，これまで家庭養護では対応が困難と考えられてきた子どもを，家庭養護の養育能力，

181　パレット，クレア他，前掲書，p.18。
182　グッドマン, R., スコット, S.（氏家武，原田謙，吉田敬子監訳）『必携 児童精神医学――はじめて学ぶ子どものこころの診療ハンドブック』岩崎学術出版社，2010，p.299で，里親養育への特殊な介入として「さまざまな種類の治療的里親養育があるが，最もよく知られているものの1つ」としてMTFCが紹介されている。

ケア水準をさらに向上させることで可能にしようとする動きもある[183]。そのための方法の一つとしてMTFCは位置づけられるであろう。

　実際の成果は前述のとおり、まだ明確に答えが出ていないが、家庭養護を最善の選択肢とする具体的な方法が模索されている状況を確かめるべく、2つのMTFCチームへのインタビューを通して得られた結果を次に示してみよう[184]。

　筆者は、2013年2月にロンドン近郊のレディング（Reading）の自治体チームとロンドン南部で裁判所から委託された子どもを対象として取り組むアクション・フォー・チルドレン（Action for Children）[185]の民間団体チームを訪問し、スタッフ、里親等から直接話を聞く機会を得た。

　レディングのチームは特に重度の問題行動を抱える10～16歳の子どもを対象とし、9～12か月の設定期間内で、レベル1（3週間）、レベル2（7～10か月）、レベル3（1か月）と段階的にプログラムが遂行される。本人も里親もプログラムスーパーヴァイザーと契約するというかたちをとり、その内容や進み具合を判断し、進めていくのはプログラムスーパーヴァイザーの役割である。チーム全体で子どもとかかわるため、その一員としての里親は常に子どものそばにおり「チームの目となり耳となる存在」[186]であり、子どもを励まし続ける存在と想定されている。本来であれば、親や里親がしていることをあえて機能分化したかたちで、チームのそれぞれが受けもつ部分を明確にし、皆で抱えられるシステム

183　Dozier, M., Kaufman, J., Kobak, R., et al., "Consensus Statement on Group Care for Children and Adolescents: A Statement of Policy of the American Orthopsychiatric Association", *American Journal of Orthopsychiatry*, 84 (3), 2014, pp.219-225には思春期の子どもの施設養護についても、精神保健にかかわる医学的な治療対応の必要性など限られた場合を除き、個別の安定したケアを受けられる家庭養護を優先すべきであると述べられている。本書でも紹介したフォスタリングチェンジ・プログラムやMTFCにも深くかかわっているロンドン大学キングスカレッジ精神医学研究所のスコット教授も共著者となっている。
184　今回の研究期間中、幼児を対象としたMTFC-Pのチームへの訪問調査の機会が得られず、MTFC-A（思春期対象）のチームへの訪問調査結果を示している。前述のとおりRCTによる評価結果が報告されていることもあり、その理解を深めるためにもMTFC-Aの実際についてここで詳述した。MTFC-Pの実際についても今後調査予定である。
185　19世紀にできたメソジスト教会系民間児童福祉団体で、当初は、National Children's homesといい、孤児、要養護児童に施設ケアを提供していたが、現在では、Barnardo'sやChildren's Societyとならび児童若者の社会的ニーズへの総合的支援を行う全国団体となっている。
186　Roberts, R., et al, *op.cit.*, p.70.

を作っていた。里親には子どもの毎日の様子を客観的に評価できるシステム（チェックシートでの評価，数値化）も用意されており，その内容をチーム全体で毎日共有している。毎日の電話連絡も有効であり，これらの情報を総合することでスーパーヴァイザーが冷静に方向性を見極め対応することができる。

　里親は事前に特別な研修を受け，その後も週1回里親対象のグループミーティングに参加し，1か月に1回スーパーヴィジョンを受ける。また，24時間365日サービスなので有給休暇もあり，定期的なレスパイトも保障されている。給与は年間2万6,000ポンドであった。MTFCに要する費用は子ども一人1週間あたり1,800〜2,300ポンドであり，特別な施設でのケアであれば4,000ポンドを要するとのことであった。里親養育としてのトレーニングやサポート体制は，一般の里親に比べると格段に手厚いが，それでも施設での特別なケアよりは費用を要しないのであり，MTFCの成果を慎重に確認しながら展開しようとする理由も理解できる。

　アクション・フォー・チルドレンは，2004年に政府からの依頼で若年犯罪者への対応可能性を探るべく，英国初のパイロットプログラムを開始した。このプログラムでは罪を犯した若者のみが対象とされた。目的は地域において反社会的行動を減らして適切（向社会的）な行動を増やすことであり，以下の4つであった。

①子どもに親密なスーパーヴィジョンを提供する。
②マイナス行動に対して公正で変わらない限界設定と結果を提供する。
③子どもにサポーティブな関係を提供する。
④不適切な，犯罪に関連するような仲間関係を最小限にする。

　プログラム実施に必要とされる専門スタッフは，このシステムのために新たに用意され，心理職やソーシャルワーカーとして基本的な知識や経験をもつ者が，プログラム実施に必要な知識を得るための研修をさらに受講する。すべてのスタッフの役割が重要で，中でも情報共有が鍵に

なるとのことであった。里親とのマッチングの問題により途中で里親が変更されることもあるが，チームとしての子どもとのかかわりは維持できるため，子どもにとっての悪影響は一般の里親養育システムに比べて少ないとのことであった。

　また，レディングでは実子のある家庭には委託していなかったが，ここでは実子の安全を確実に確保できるのであれば，子どもにとっては非常に重要な経験になると考えているとのことであった。里親対象者の年齢は30～50歳代が多く60歳くらいまで。筆者が訪問した日に里親のウィークリーミーティングがあり参加したところ，年代的には50～60歳，男性の参加も多かった。ここで対応する子どもは最大で10人，里親についてはレスパイトの可能性も考慮し13家庭は必要とのことであった。レスパイト用の里親も情報共有のためウィークリーミーティングに参加する。ミーティングでは一人15分ほどで1週間の振り返りと仲間からの助言やスーパーヴァイザーからの助言がある。参加していた里親からは「このシステムは助けがたくさんあるところが良い」との意見が聞かれた。里親としては委託開始前の研修とその後の1週間ごとのミーティングがそれぞれの専門性を高める上でも非常に重要とのことであった。ミーティングの前に里親同士でさまざまな話をすることも大きな助けになっているとの意見も聞かれた。これに加えて里親が困ったときには24時間サポートサービス，また1か月に1度，個別のスーパーヴィジョンもあるとのことで非常に手厚い支援体制が用意されていた。

第3項　小 括

　本章では，社会的養護における家庭養護への移行に関する実践の具体的内容について取り上げた。研究・実践・施策の協働の実際を具体的な実践展開からみてきた。ルーモスの実践，フェアスタートの実践，フォスタリングチェンジの実践，いずれも研究・施策の歯車と常に連動しながら展開されていた。

　その協働には，それぞれ特徴もみられた。10ステップモデルでは，施設養護から家庭養護への移行における子どもにとっての重要事項など

個別の問題も扱いながら，国際機関や国レベルでの働きかけ等，特にマクロシステムレベルでの協働が特徴的であった。また，フェアスタートプログラムでは，個別の施設内のシステム改善やケア提供者の対応に関する具体的プログラムの提供を主とするメゾ・エクソシステム，ミクロシステムレベルでの協働が主となっていたといえるだろう。さらに，フォスタリングチェンジ・プログラムは，家庭養護におけるケアの質を維持するための個々の里親への対応であるミクロシステムレベルでの協働が主となっていると考えられる。それぞれのプログラムが，社会的養護下の子どもの最善の利益を保障するために異なる水準でこの問題に関与しており，対応や実践内容としても重なる部分と固有の部分がみられた。社会的養護におけるシステム移行に関連して，さまざまな水準で生じるニーズに応えるモデルとしてもとらえることができるであろう。

第5章
考察——日本の調査研究・実践展開・施策策定への示唆

第1節　欧州における乳幼児社会的養護のこれまでとこれから

第1項　協働，揺れ，広がり

　BEIP では，当初ルーマニアにおいて適切な里親養育システムが確立されておらず，そのシステム作りがこの調査研究と同時に進められたことで，施設養護よりも里親養育においてより良い成果がもたらされた。その際，里親制度の重要な要素である里親支援が欠けていたり，ソーシャルワーカーが機能しない等不十分なシステムの中で研究が進められていたとしたら，これほど明確な結果は得られなかったであろう。そして，その後の発展のために現場実践者と研究者そして施策策定者の協働の重要性が強調され，創設された里親養育システムを維持していくための継続した評価の必要性も示されていた。このような関係者の協働によって里親制度は機能し，研究としても重要な成果が導き出され，施策的にも生かされるという互いにより良い方向に引き合う状況が生まれたと考えられる。

　また，英国の里親養育支援に関する2つの取り組みをみても，里親委託になればすべての問題が解決するわけではないことも明らかである。より良い選択肢といわれる里親養育を個別の子どもにとって最善のものとしていくためには，その後の最善化のための確認・評価が必須と考えられる。子どもの最善の利益の追求には，実証的研究やデータがもたらす「予想外の声」「予想外の結果」に真摯に向き合い続ける姿勢が必要であり，英国ではそれが継続されていることをさまざまな実証的研究成

果を通して確認した。また，このように実証的研究成果に裏打ちされた実践と施策であると同時に，実は研究自体も実践と施策に影響されていることも，さまざまな研究・実践・施策の協働の具体例を通してみてきた。

　研究・実践・施策の「協働」とそれぞれが影響を与え合う中で，必然的に生じる各領域での「揺れ」[187]が，子どもに最善の利益を保証するためには不可欠であり，欧州ではそのような実践が，ボウルビィの時代から今に至るまで脈々と続けられてきたといえるのではないだろうか。特にルーマニア孤児問題への対応以降，研究・実践・施策の協働はより強固なものとなり，そこから生み出された取り組みは一つの国，文化のみならず，世界中のどこでも利用可能なシステムとなりうることもルーモスやフェアスタートプログラムの実践が示している。欧州におけるこれらの取り組みは，施設養護から地域を基盤とした家庭養護への移行方法やその際に生じる問題への具体的な対応方法について示している。また，実証的研究による評価を組み込みながら実践を進めることで，それぞれの文化や制度にあったかたちにその方法を変えていく可能性も与えている。さらに，方法を示すだけではなく，それを実践するソーシャルワーカーやリーダー，政策や予算作成にかかわる人まで含めて協働することの重要性も示していた。欧州での取り組みが，国や文化の違いを越えて，世界規模に拡大しようとしている（拡大できる）背景にはこれらのことが大きく関係しているのではないだろうか。今後はさらに別の国や文化の中で，新たなケアシステムや方法が生み出される可能性もあると考えられる。

　このように，欧州で活発になった脱施設化の動きは，欧州を越えつつある一方で，実際には欧州においてもまだその途上にあるともいえる。英国のように，家庭養護への移行後しばらく時間が経過してもなお，家

187　研究・実践・施策の協働によって相互に影響を与え合うことで，それまでの経験や知識，理論，方向性等に再考の余地があることに研究者・実践者・施策策定者自らが気づき，修正する中で変化していくことを「揺れ」と表現した。「揺れ」による変化後の研究・実践・施策は，引き続く協働の中でさらに影響を及ぼし合い，次の「揺れ」を繰り返す。社会的養護の抱える問題に対処するには，子どもにとっての最善の利益を保障するための「揺らがない理念」と，それに先導される「揺れの過程」の両方を同時に保持することの重要性に気づく必要があるのではないだろうか。

庭養護（里親養育）のケア水準向上のための取り組み（フォスタリングチェンジやMTFC）や，乳幼児社会的養護における最重要課題であるパーマネンシー早期達成の取り組み（コンカレント・プランニング）が，研究・実践・施策の歯車の連動を維持しながら続けられていることも忘れてはならない。

　さらに，さまざまな取り組みの中で社会的養護におけるゲートキーピングの重要性が示されていたが，脱施設化への動きは「揺れ」て「広がり」ながらも根本的な問題の解決に向けて展開していくものと思われる。欧州に始まった脱施設化への潮流はその範囲を拡げるだけでなく，その質の向上も合わせての取り組みであるといえる。

　ところで，本書は欧州における乳幼児社会的養護の展開を主題としており，これまで日本の社会的養護についてはほとんど触れずにきた[188]。筆者は児童精神科医として社会的養護の現場に身を置き，さまざまな問題を解決しようとする過程で本研究に取り組み始めた。海外の先進的な取り組みの中に問題解決の示唆を得て，今後の方向性を見いだしたいと考えここまで取り組んできた。実践レベルでは筆者の日々の対応の中にその成果を生かしつつある一方で，日本の社会的養護のこれからについて考える際に，日本での実証的研究の位置づけや研究・実践・施策の協働について疑問をもち，ある時期から並行してその研究も進めてきた。これについてはいまだ検討が不十分な状況ではあるが，本書の最後にその成果の一部を取り上げ，ここまでに得られた欧州での取り組みとも比較しながら，日本の社会的養護への意味合いを検討しておこう。

　3つの歯車の例でいえば，日本においては，社会的養護に関する追跡

---

[188] 日本の社会的養護の現状と課題については，ヒューマン・ライツ・ウォッチ『夢が持てない――日本における社会的養護下の子どもたち』2014年を参照。日本の社会的養護が現在抱える問題点と改善の方向性を示した報告書である。実践者，当事者の声と研究者の成果をもとに，問題を包括的にとらえ，一般市民や施策策定者に訴える内容となっており，国と地方自治体に向けて具体的提言がなされている。また，原版は英語であり，海外の識者に日本の社会的養護の状況を包括的に伝えうる貴重な資料ともなっている。今後海外の研究者や実践家からの反応も期待され，連動しにくい歯車が動き出すきっかけを生み出すことが期待される。この報告書自体が研究・実践・施策をつなぐ役割を担っており，また国を越えての評価や助言が可能となるという意味でも，まさに本書でみてきた流れに沿ったものであるともいえるであろう。

調査や実証的研究という歯車はスムーズに回転できず，また，かみ合わせも不十分で他の歯車との連動も難しい状況が続いてきたように思われる。次節で具体例を挙げて検討する。

第2節　日本の社会的養護領域における調査研究・実践展開・施策策定の協働

　日本の社会的養護領域における実証的研究について，筒井らの論文に以下のような指摘がある[189]。

> 「里親によるケアのメリットについては，アタッチメント観点からの質的な検討があるものの，施設養護とのケア量やその内容の比較といった実証的な研究は，先行研究において示されてきたように，ほとんどない状況にある。」
> 「里親制度，施設養護のいずれにおいても児童の経年的な変化を検討した研究はほとんどない。これは，日本で社会的養護に関する政策を検討する際の基礎資料に児童の予後という実証的データの積み上げが著しく不足していることを示しており……（以下略）。」

　さらに，今後の日本の社会的養護のあり方を検討するために必要な研究として，被虐待児のケアに関する研究，施設入所条件見直しのための研究，新たな社会的養護体制を検証する研究が挙げられ，それぞれについて具体的に述べられている。日本の社会的養護体制再編にむけて，どのような研究が不足し，必要とされているのかを明確に示したこの論文は，より多くの研究者に共有されるべきものと考える。

　現在日本の社会的養護の実践に欠けているものは何か，どのような方向性がより適切なのか等について知るための重要な方法の一つが実証的研究である。社会的養護実践に与える実証的研究の役割や効果について

---

[189] 筒井孝子・大夛賀政昭「社会的養護体制の再編に向けた研究の現状と課題——社会的養護関連施設入所児童の変化，これに伴うケア提供体制の再構築のための研究の在り方」『保健医療科学』60(5)，2011年，pp.401-410。

は，多くの実例を欧州の社会的養護実践でみてきた。客観的なデータに基づいた評価や実証的研究は，社会的養護の現代化を進める国においてはシステム再構築の契機とされたり，少なくともそのための明確な方針を打ち出す際の根拠とされてきたことを本書では確認してきた。

日本においては，前述の筒井らの指摘にもあるとおり必要な研究自体が不足しており，研究・実践・施策の3つの歯車の連動どころか，研究の歯車自体が回ることのできないような状況にあり，社会的養護システムを変更する際にも客観的なデータに基づいて変更がなされたことはこれまでにほとんどなかったと思われる。

ただ，過去を振り返ると，実は少ないながらも取り組まれていた貴重な研究があったことを筆者は確認している。今後，日本の社会的養護の領域でデータに基づく評価や実証的研究をどう展開していくか考えるために，過去にどのような研究がなされ，どのような協働が存在していたのか具体例を2つ取り上げてみていく。

一つは，1950年代に実施された『ホスピタリスムスの研究』，もう一つは同時期からその後の追跡調査も含めて実施報告された「池田による研究報告」である。特に池田の研究報告については，すでに論文化したものに一部修正加筆して補遺として提示した。

次項以降，日本の社会的養護における研究・実践・施策の歯車を連動させようとした取り組みとも考えられる『ホスピタリスムスの研究』と「池田による研究報告」を検討する。ここでは「日本の社会的養護における研究・実践・施策の協働」について「研究」に軸足を置いて検討する。それぞれの論文が正しいか間違っているかという視点ではなく（後述するように，この2つの調査研究はいずれも結果を出しきる前の途中経過

の研究であったと筆者は考えている[190]）、これらの研究が実践や施策の歯車とどのように連動したのか，または，連動できなかったのかについてより焦点化してみていく。このようにとらえることで，これまで述べてきた「欧州の社会的養護における研究・実践・施策の協働」に関する知見からも重要な示唆が得られるであろう。

第1項 『ホスピタリスムスの研究』にみる研究・実践・施策の協働
（1）『ホスピタリスムスの研究』のめざしたこと

1950年代には，海外と同水準の興味をもって客観的なデータや実証的手法を用いて社会的養護の問題に取り組まれたと思われる研究が存在する。

『ホスピタリスムスの研究』（1953，1954年）[191]は施設養護の子どもの発達への影響についての研究であり，多くの分担研究者を擁する厚生科学研究費による共同研究である。研究の目的は，施設入所している子どもにホスピタリズムがみられるのか，みられるとしたらその症候はどのようなものかを明らかにすることであった。具体的には治療，予防，施設としての実践の基準等が示されている。冒頭には，その目的について以下のように明記されている。

「養護理論の確立やその具体的実践の方途を明らかにすることに

---

190 筆者が参照した『ホスピタリスムス研究』（1977年ビブリオ出版より再刊されたもの）のあとがきには「本書は初め，谷川貞夫他の研究グループによる完成を今後に期した途上の報告書『ホスピタリスムス研究（一）（二）』として……刊行されたものである。」と書かれている。また，1981年の池田論文のあとがきにも「彼らが乳児院に収容された年齢，乳児院の収容期間，いわゆるホスピタリズムの程度が精神衛生の見地からみた予後とどのように関聯するか，捨子と委託児との間に差異があるか，里子，養子に最も適切な年齢があるかなど，考察すべき点は多くあるが，第二報以下に譲りたい」とある。『ホスピタリスムスの研究』についてはその後継続した研究成果は出されていない。また，池田については補遺に取り上げた1988年の研究で捨て子の長期予後調査としての報告はあるが，1981年報告の課題の一部についての報告であった（1977年ハワイで開催された第6回世界精神医学会での報告もあるようだが入手困難な状況で，筆者はその報告内容を確認できていない）。いずれにしてもそれぞれの研究の報告当時には，両者ともその研究途上にあったといえるのではないだろうか。
191 谷川貞夫他『ホスピタリスムスの研究（一）（二）』全国社会福祉協議会連合会，1953/54（1977年ビブリオ出版より再刊された『ホスピタリスムス研究』で確認）。

> よって，児童福祉の向上に寄与することは，われわれに負荷された重要な責任の一つでなければならない。」
>
> 「ホスピタリスムスが，公的な施設で多数を収容する場合に多く，民間施設で少数を家族的に育成するところに少ないとか，或は特殊な宗教関係の施設に顕著であるなどとの説もあるが，われわれは，誤つた先入観や偏向した主観を除去して，能うかぎり客観的な科学的な立場において，関係諸科学の動員と協力とによつてもたらされた諸文献を援用し，また必要に応じて新しくそれらの動員と協力を得て，実態調査を実施し，その真実を把握することによつて，これが対策を樹立することを希求しているのである。」

ここで述べられていることは，まさに研究・実践・施策の連動について，研究という歯車から動き出そうとする宣言であったとも考えられる。ただ，他の歯車も連動し全体が順調に展開し続けるには相当の困難があったことは，すでに挙げた筒井らの論文の内容に鑑みれば明白であろう。また，児童精神科医として情緒障害児短期治療施設長を経験し，この領域の研究でも著名な滝川も次のようにコメントしている[192]。

> 「ホスピタリズム研究が入ってきたとき，その問題提起をわが国では児童養護施設の養育構造を再検討する契機となせず，一般の家庭で育つ子どもたちとの養育格差・生活格差を拡大させるに任せて今日に及んでいる。」

その後も，実践者や研究者の間で「ホスピタリズム論争」が生じ，多くの議論がなされてきた。しかし，結果として社会的養護における施設養護偏重という特殊な状況が日本の現状であることをみれば，海外で展開されてきたホスピタリズム問題の解決としての家庭養護への移行という方向よりは，日本では施設養護の中での問題解決という方向に重きが

---

[192] 滝川一廣「子どもはどこで育てられるのか」『こころの科学』137，2008年，pp.14-18。

置かれてきたことは事実であろう。これもホスピタリズム問題解決の一つの方法といえるが、本書で確認してきた欧州における主たる解決方法とは別のものであった。ただ、脱施設化過程での施設養護におけるホスピタリズム問題の解決の必要性については本書でも取り上げており、この方法が不要ということではない。ホスピタリズム問題を解決する方法として、脱施設化と施設養護水準の向上のどちらを主とするかの違いであり、欧州では前者を、日本では（その理由が何であれ）後者を主たる方法として選択し、その後の展開が図られてきたということであろう。研究成果を受容する側のとらえ方の違いもあったと思われるが、研究者側の研究上の課題や伝え方の問題もあったのかもしれない。研究・実践・施策の協働のかたちが、欧州とは異なっていたことは明らかなようである。

野澤はホスピタリズム論争を、母子関係理論の受容過程から概括した研究報告の中で以下のようにまとめている。

> 「現在の施設が抱える論点はほぼ出し尽くされている。但し相互に深められることなく、したがって重要と思われる論点も受けとめられることなく、論点が深められないままの状況が入所措置福祉で固定され制度化されていったのではなかろうか。……結果として母子関係理論を受けとめる基盤が未完成だったということかもしれない。」[193]

これは、海外からもたらされた研究成果が日本の実践の場に生かされることなく、歯車がしっかりと連動することなく展開してきたことを表わしている。海外の研究の歯車をそのまま日本の実践の歯車にかみ合わせることが難しかったとすれば、日本の研究の歯車がそのつなぎ役としてどのような役割を果たしていたのかについて明らかにすることも今後の検討課題であろう。

---

193 野澤正子「1950年代のホスピタリズム論争の意味するもの——母子関係論の受容の方法をめぐる一考察」『社會問題研究』45(2)、1996年、p.37。

（2） 施設養護の影響についての「揺れる」見解

『ホスピタリスムスの研究』にはさまざまな見解が記載されており，その中には研究者間の意見に違いがあったことも読み取れるものもある。たとえば以下のとおり，乳児院養護について，この時点ではさまざまな見解がみられる。

たとえば，1953年の報告[194]では「この一・二才において疑似精薄という判断を下す程度の知能発達にあることは困った問題である。……この一時的に精神発達の低下しているところに，乳児院の欠点があることを認めなければならない」とある一方で，1954年の報告[195]では「乳児院児の発育，発達は，乳児院生活が一年以内であり，施設がよく，保育者が適当であっても，生活時間に家庭児との差異を認めることができるが，発育発達に深刻な障害はない。しかも，退院後家庭に帰って，適当な養育者に育てられておれば，殆んど障害が認められない。」と報告されている。この認識はさらに「満1歳までの施設児について，次の条件[196]が整えば，何等障碍なくあるいは却って，良好な発育を望むことができるし，良い生活指導をつけることができる」という見解につながっている。また，「入所時の年齢による発達指数の差異に関しては，生後六カ月以内に施設に入所したものの精神発達は，いずれの調査の場合も著しく遅滞している。しかし，在所期間による発達指数の差異については，児童が施設に長期間生活する程，その発達は遅滞するとの答えと，それは，期間の長短による影響とは指摘できないものであって，それはむしろ個人的要因によるものと見られるとする二説がもたらされた。おそらく，このことは，両者を考慮することを必要とするであろう。」[197]といった記述もみられる。

---

194 谷川他，前掲書，p.21。
195 同上書，p.55。
196 同上書，p.98。ここにある「条件」としては，医師や熟練看護婦の配置，観察室，栄養室の設置整備，保育者と子どもの接触が多いこと，退院後母親またはそれに代わる者に養育されることが挙げられている。本書で挙げた実証的研究の知見によれば，この最後の条件つまり「（1歳未満で）家庭養護に移行すること」が特に重要であり，施設での生活によって被ってきたまでの発達の遅れや偏りの回復に大きく影響したと考えられる。家庭養護が難しかったとされる当時の社会状況においては，この条件を満たす実践がどの程度展開できたかが重要であり，それを評価する実践と連動した研究が必要とされていたのではないだろうか。
197 同上書，p.56。

研究対象や方法，評価の違いによって生じた乳児院養護についてのさまざまな見解かもしれないが，結果が先にあってそれをただ追認するための研究ではなかったことは確かなようである。前述の目的にあったとおり「誤つた先入観や偏向した主観を除去して，能うかぎり客観的な科学的な立場において」現実を確認し，「養護理論の確立やその具体的実践の方途を明らかにする」べく，施策や実践の歯車と連動しようとした調査研究であったからこその「揺れ」であったとも考えられる。研究者それぞれの見解が残されており，その後のさらなる研究，評価を経ての発展の可能性をこの時点では秘めていたのではないかと筆者は考えている。『ホスピタリスムスの研究』は完成された研究ではなく，より良い実践を目指す途中の研究であったといえるのではないだろうか。この後に，ここでの見解をもとに実践が展開され，それがさらに評価される過程があったとしたら，つまり研究と実践の歯車がかみ合い連動する事態が続いたとしたら，そこから施策に影響する成果も導き出されていたのかもしれない。さらに施策と実践の歯車の回転が研究の歯車に伝わることで研究も発展的に展開したのかもしれない。この報告書にみられる以下の言葉からは，それを見通していたようにも思われる。

　　「要するにホスピタリスムスの研究は，その実態の科学的把握に伴って，乳幼児及び，児童の収容保護における行政上の諸方策についても，基本的な理念と技術を要請するに至るであろうことが予想されるのであるが，これらに関しては，第二年度の研究にまってより明確化されるであろう。」[198]

（3）　ホスピタリズム予防についての見解 ── ボウルビィ 1951 年報告との相違
　第 2 年度の成果として，乳児対策における家庭養護優先の方針と，施

198　同上書，p.48。

設利用時の条件，行政上の対策について端的に述べられている。また，「第五　ホスピタリスムスの予防と施設形態」と題された項目の中で「一，里親制度の確立」「二，小舎制度（cottage system）」が取り上げられている。小舎制度については英国や米国での取り組みも参考に客観的条件と主体的条件についてまとめられており，さらに，ある一時点での横断的調査ではあるが，里子の実態調査も実施され，その結果についても触れられている。

　ただし，この研究報告では教護院，乳児院，小舎制度についてはある程度詳細に条件等が提示されているが，里親については横断的な実態把握で終わっており，里親制度に関する具体的な条件や方向性については触れられていない。ホスピタリズムの予防実践に関して，里親制度の確立の重要性は取り上げられてはいるものの，他の施設養護に比較して，内容としては大まかな方向性を示すにとどまり，個別の里親養育やそれを支えるシステムについての具体的な条件や方法等は示されていなかったのである。前述のホスピタリズム問題解決にあたっての２つの選択肢でいえば，施設養護のシステム内での対応改善による解決方法についての示唆がほとんどを占めており，脱施設化やその前提となる家庭養護整備の重要性には触れられてはいるものの具体的な示唆に大きく欠ける内容であったといえる。ホスピタリズム予防については以下のような記載もみられる[199]。

　　「ホスピタリスムスの予防対策としては，まず第一に個人養育の『里親制度』が挙げられる。家庭生活とその社会的経験が，正常な人格の発達に不可欠であるとするならば，里親家庭が最も理想に近いということになる。……しかしながら，一般家庭自体が，経済的に不安定であり，なお家庭的緊張が，かなり危機的様相を帯びつつあるわが国の社会情勢下では，好ましい里親の開拓がきわめて困難と言わねばならない。……わが国における里親開拓が困難であるならば，

199　同上書，p.99。

児童収容施設において特に乳幼児保護の在り方を検討して，根本的にそれを改める必要がある。」

当時の調査研究結果からは，乳幼児の社会的養護については家庭養護が優先されるとしたものの，実践としては社会的状況の制約により家庭養護の方向性はいったん脇に置かれ，まずは今対応しなければならない問題として施設養護での対応改善の方向性が主とされた。そして，その実践が展開される中で本来同時に進められるべきであった最善の方向性（家庭養護）が置き去りにされたまま，その後の展開につながったと考えられるのではないだろうか。実際には，施設養護における対策についても提案はされたものの，すぐに実践に影響するということはなかったようである。野澤によれば『ホスピタリスムスの研究』の結果から，乳幼児養護は原則里親とし，施設養護の場合は小舎制で保育者の数を乳児3名，幼児5名に保母1名の担任制とし，ホームシステム制を採用して建物も家庭的構造にするなどの提案がなされたものの，それらは受け止められず，20年後の1972年に乳児3：1，幼児5：1の配置基準のみが実現されたという[200]。研究と施策・実践の歯車はほとんど連動していなかった状況が指摘されている。

これに対して，同時期に報告されたボウルビィの1951年WHO報告の内容と実践・施策への影響をみると，そのことがより明確になる。これについては第2章で詳細を述べたが，日本の『ホスピタリスムスの研究』と特に大きく異なるのがボウルビィ報告の第二部だと考えられる[201]。

200　野澤正子，前掲書，pp.49-50。
201　土屋敦『はじき出された子どもたち――社会的養護児童と「家庭」概念の歴史社会学』勁草書房，2014年，pp.132-133によれば，戦後の欧米においては英国のボウルビィの提示した理論の影響が大きかったのに対して，戦後の日本においては米国のベンダーの理論の影響がより大きかったとしている。その背景として米国児童局の児童福祉資料であったベンダーの資料が『家庭生活に優るものはない』と題して厚生省児童局の行政資料として1951年に邦訳され紹介されるなど，占領期日本の特殊環境が大きく関与していたとする。このことからすれば，ボウルビィの1951年報告（日本語翻訳刊行は1967年）との比較において大きな差がみられることも必然といえるのかもしれない。ただ野澤（1996）によれば，ベンダーの実践の基盤となっていた母子関係理論も，当時の日本の現場では受け止められていなかったとしている。

『ホスピタリスムスの研究』では具体的な示唆がなかった里親について，ボウルビィの報告書では「12. 代用家族 Ⅱ：養育ホーム」としてその具体的方法や注意点について多く記されている。里親に関するケースワークとしては親に対するもの，里親に対するもの，子どもに対するものに分けてその必要性と実際の注意事項が述べられている。また，里親の専門性を高め児童福祉における地位と，それにふさわしい報酬を与えることの必要性を強調し，それがなされない限り里親不足は改善されないとも述べている。このほかにも社会的養護における実践者にとって，その方向性を具体的に示す内容が数多く示されていることはすでに示したとおりである。さらに，ボウルビィは，英国における児童福祉の専門家の養成にも携わり，児童福祉，社会的養護の発展に寄与した。これによって，その後の社会的養護の実証的研究の場が整えられたともいえる。実践と研究の協働が非常に明確である。
　このように，『ホスピタリスムスの研究』とボウルビィの WHO 報告を比較し，実践や施策への影響を概観すると，日本に不足していたのは実践の歯車と連動するかたちでの実証的研究であり，その成果を社会的養護現場に還元し，さらに取り組みを続ける中で再評価や次の実証的研究が展開されるという協働の関係であったと考えられるのではないだろうか。本書冒頭の「はじめに」で示した図 1 が欧州の社会的養護における研究・実践・施策の協働モデルだとすれば，ここで示した日本の社会的養護における三者のモデルは図 5-1 のごとく，歯車の大きさの問題やかみ合わせの問題を抱えており，実践の歯車が何とか回ってはいるものの，他の二者との連動を得にくい状況が続き，取り組みの展開に支障をきたす事態が続いていたともいえるのではないだろうか[202]。

202　3つの歯車はそれぞれさらに小さな歯車の組み合わせで成り立っているとも考えられる。たとえば「研究」であれば社会福祉学，医学，心理学，教育学等，「実践」であれば施設養護，里親養育等，「施策」であれば国レベル，都道府県レベル，市町村レベル等のそれぞれを構成する小さな歯車が考えられる。日本の社会的養護においては3つの大きな歯車を構成する小さな歯車の連動の問題もあったのではないかと筆者は考えている。

図5-1 日本の社会的養護における「調査研究」「実践展開」「施策策定」の分裂

第2項 池田論文──児童精神科医の乳児院研究と追跡調査[203]

　前述の『ホスピタリスムスの研究』の研究者の中にも名を連ねる池田由子は，1955年自身が発表した研究で当時の日本の乳児院にホスピタリズムが存在することを実証的研究結果から明言し，その後の追跡調査も実施した稀有な研究者であり，米国での研究経験から1990年代以降の日本における児童虐待問題について多くの示唆を残した児童精神科医である。

　1981年に報告された家庭養護児童の30年予後についての研究の詳細についてはこれまであまり取り上げられることがなく，その重要性も十分に評価されてこなかったのではないかと筆者は考えている[204]。詳細については補遺に記したとおりだが，結果としては乳児院退所後30年の追跡調査の結果，15人中（男5，女10），社会適応良好は4人（男1，女3）であった。当時の海外の研究結果では，里親家庭で育てられた子どもが施設で育った子どもよりも知能，言語，情緒，社会性などあらゆる発達側面で勝っているという報告が多く，池田も乳児院の子どもが里親

203　上鹿渡和宏（2014b），前掲書，pp.1-8を参照。一部修正加筆したものを補遺として示した。
204　庄司順一「わが国における社会的養護とアタッチメント理論」庄司順一・奥山眞紀子・久保田まり編『アタッチメント──子ども虐待・トラウマ・対象喪失・社会的養護をめぐって』明石書店，2008年，p.105に概要が紹介されている。

の家庭に落ち着くと発達指数や社会的生活習慣が急速にのびることを観察し，経済的条件などが劣る実父母の家庭に帰った15名の子どもよりも成人後の社会適応が勝るのではないかという期待をもっていた。しかし，里親家庭に出たこの15名の予後は少数の例外を除いては良好と評価することは難しかったと結論づけている。そして研究の開始時には知られていなかったいくつかの問題点がこの報告の中で挙げられている。当時の里親養育の問題点としては，社会的養護としての意識不足，里親認定やアセスメントそしてマッチングの問題，里親支援の不足，長期施設養護の影響，措置変更の影響が挙げられており，また，「家庭から」ではなく「施設から」の里親委託でありながら経過良好だったケースは，1歳未満での家庭養護への移行と措置変更回数が少ないことで共通していた。

　施設でのホスピタリズムを自らの調査研究で実証し，家庭養護への期待をもって取り組まれた研究の結果が期待とは異なっていたのであるが，実践に即したからこそ確認された「揺れ」が成果として論文に残されたことは特筆に値する。社会的養護領域での経過を追跡した研究はほとんどなく，また，一般に期待した結果が出ない研究は報告として残されないことも多い中で，この研究成果が残されたことの意義は大きい。これから社会的養護システムの再構築に取り組みつつあるわれわれにとっては，貴重な先行研究となるであろう。予想外の結果が示された要因としては，研究手法や解釈の問題，またさまざまなバイアスの存在等も考えられるが，社会的予後が良好であった者は早期に家庭養護に移行していたなど，本書で示した近年の研究成果を通して見直せば，同様の結果と考えられる成果も多く示されていることに気づく。一方，この研究で示された里親養育における不調については，実践者にとっては受け入れがたいものであったと思われるが，それが現実であったとすれば，「何が要因で，何を変えなければならないのか」検討する必要があったと思われる。そのような検討のための研究であることをわれわれは理解しなければならないであろう。また，もしもこの研究結果がその方法や評価によってゆがめられたものであったとすれば，それを研究にフィー

ドバックした上で，より適切な方法や評価によって再度試みる必要も あったのではないだろうか。いずれにしても，それまでの実践が子ども にとっての成果に結びついているのかどうか評価し，必要に応じてその 後の実践や施策に生かす契機と成し得たのではないだろうか。こう考え ると，第3章第4節と第5節で挙げたMTFCとコンカレント・プラン ニングにおける評価研究と実践，施策の関係に学ぶべきことは多いと思 われる。

第3節　総括と展望

　本研究においては，最初に欧州における乳幼児社会的養護の現状を検 討し，近年国連等によって明確にされた乳幼児社会的養護における家庭 養護への移行という方向性について検討した。その根拠とされたものの 一つに，ルーマニア孤児問題を機に展開された児童精神医学領域におけ る大規模な実証的研究の成果があることを見いだし，さらに，これらの 研究の背景にある社会的養護，特に施設養護が子どもに与える影響に関 する先行研究と，その発端となったと考えられるボウルビィの1951年 WHO報告まで遡り，その内容を検討した。その結果，ボウルビィの児 童福祉，特に社会的養護実践や施策に与えた影響が具体的に確認された。 その後，ボウルビィの提示したさまざまな養育形態が子どもの発達に及 ぼす影響に関する問題は，児童精神医学の専門家の中で同様の関心をも ち続けた研究者たちによって引き継がれ，その一つの到達点がルーマニ ア孤児に関する研究成果であり，現在の乳幼児社会的養護の施策策定や 実践展開の方向づけに大きく寄与していることを確認した。子どもに最 善の社会的養護を検討するにあたり，子どもの権利条約の理念だけでは なく，ボウルビィ以降半世紀以上にわたり引き継がれてきた実証的研究 もその支えとなっていること，児童精神医学における研究成果が子ども の声を社会に伝える道具としての役割を果たしてきたことを確認した。 また，このような研究が実践や施策に与えてきた影響とそれぞれからの 影響についても検討し，研究・実践・施策の3つの歯車がかみあい連動

しながら，それぞれの取り組みが前進し，社会的養護における子どもの最善の利益を保障するための取り組みが欧州を越えて世界中に広がりつつあることをみてきた。

本研究の後半部分では，乳幼児社会的養護における家庭養護への移行に関する実践を取り上げその内容について，さらに研究や施策との協働の視点からそれぞれ吟味した。社会的養護システムの移行においてはさまざまな水準での問題が生じる。取り上げた実践例については，マクロシステムレベルでの協働が特徴的な10ステップモデル，またメゾ・エクソシステム，ミクロシステムレベルでの包括的な取り組みが特徴的なフェアスタートプログラム，そして，個別の里親のケアの質を向上維持させるためのミクロシステムレベルでの取り組みを主としたフォスタリングチェンジ・プログラムを取り上げた。

第5章では，日本の社会的養護領域における実証的研究と実践や施策との協働について『ホスピタリスムスの研究』と池田の追跡調査について提示し，欧州における研究・実践・施策の3つの歯車の連動の観点から比較考察を加えた。

筆者は現在，施設養護と家庭養護の両方にかかわりをもちながら，日本の社会的養護は遅れをとっているのではなく，独自の発展を遂げてきたともいえるのではないかと考えることがある。児童相談所職員，施設スタッフや里親，ファミリーホーム養育者を対象とした研修会やスーパーヴァイズ等でのやり取りを通して，子どもへの思いや，養育に関する潜在的能力の高さを感じることも多い。しかしこれからは，今までの実践にこだわり続けるのではなく「日本の社会的養護はどうあるべきか」「別の発展の方向があるのか」などの問題について，「海外との比較」を通して日本の社会的養護が置かれている現状を客観的に把握し，他国の方法で取り入れるべきものは取り入れながら現実に対応していく必要が

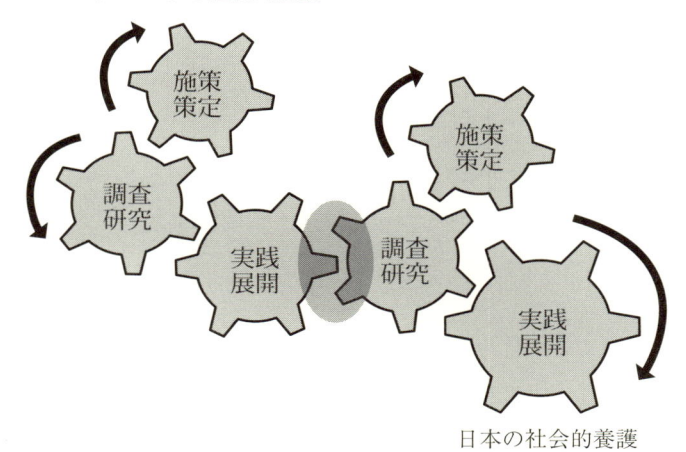

図5-2 歯車をかみ合わせて日本の社会的養護を動かすために

あるのではないだろうか[205]。現場を支援する専門家としては，今できていないことの批判に終わるだけでなく，今これからのために何をすべきか，できるのかについて可能な限り具体的に示す必要があると考え，この研究では海外での実践例のいくつかを具体的に検討し例示した。また，筆者自身それぞれについて日本の社会的養護のこれからに生かすべく研究を継続し，可能なものについては実際の取り組みを進めているところである。児童精神科医として社会的養護の現場にかかわる筆者が今後なすべきことは，研究・実践・施策の歯車をしっかりと連動させながら，そこに「モデルとなる先駆的な実践や研究」という歯車を（少なくとも最初は）うまくかみ合わせて全体が連動して動けるようにすることだと考えている。たとえば図5-2に示したように先駆的な実践を日本の研究者が取り込み，それを日本の歯車を回すための原動力とすることも

---

205 海外のモデルを取り入れる際には，本書で取り上げた英国が米国から導入したMTFCやコンカレント・プランニングの例から多くの示唆が得られる。プログラム導入とその後の実証的評価をまずは研究という歯車の役割とし，その成果が確認できた場合には，実践をさらに広げていくために施策の歯車とのかみ合わせを調整していくことも研究の役割としていく必要があるだろう。

第5章 考察——日本の調査研究・実践展開・施策策定への示唆　141

可能であろうし，海外の研究者との連携というかみ合わせから，これまで日本の社会的養護の中にはなかった動きを生み出していくことなども可能であろう。

　日本の社会的養護は，単に遅れを取り戻すというよりも，できている部分に自信をもち，それを伸ばすような方向性を保持しつつ，他国の先駆的実践もうまく取り入れながら，子どもの最善の利益が得られるよう柔軟に進めていく必要があるであろう。近い将来，世界各国の社会的養護下の子どもたちにも利益をもたらすような報告ができるよう，日々の取り組みを前向きに進めていきたいと考えている。図5-2を見れば，日本の社会的養護の3つの歯車が順調に回転するようになれば，それが他国の歯車の動きにも影響を及ぼしうることは明らかであろう。わが子や自国の子どもの真の幸せ（well-being）は，地域や隣国，世界中の子どもが皆幸せになることの中に包含されているように思われてならない。

第4節　本研究の限界と課題

　本研究の限界と課題としては，乳幼児の社会的養護の状況を把握する際の根拠としているデータの信頼度，そして提示した実践的プログラムの実証的効果測定の問題がある。これには，国家間の状況の違い，また同一国内でも地方間，施設間のケア水準の格差は明らかであり，それらの現実をどうとらえるかといった問題も含まれている。そもそも社会的養護下に置かれている乳幼児への関心の低さは，どの国にもある程度共通しているという問題もある。脱施設化のための10ステップモデルが最初のステップとして「人々の問題意識を高める」を掲げていることをみても，これが今後取り組むべき重要課題であることは明白であろう。

　また，本研究では，施設や里親等の社会的養護下に置かれた子どもに最善の利益を保障するための諸施策・実践・研究について多くの取り組みをみてきたが，その中で可能な限り子どもが実親と生活を継続できるような支援の必要性についても提示されていた。本書ではその重要性の示唆にとどまり，具体的な施策・実践・研究について示すことができて

いない。これについては筆者自身の今後の重要な研究課題と認識し，すでにいくつか有望なプログラムについて調査しつつある。

さらに本研究では，限られた考察にとどまった日本国内の実証的研究の状況や，日本の社会的養護におけるこれまでの研究・実践・施策の協働については，今後さらなる探求が必要であろう。国内での3つの歯車の連動の歴史的展開をさらに深く理解することにより，現在の状況をより客観的にとらえられれば，今後の方向性を誤ることなく確実に前進するための視座が得られるであろう。

今後は本書で取り上げた各々の研究・実践・施策やそれらの協働をどのようにして自分自身のかかわる現場，個別の子どもと家族とのかかわりの中で実現するかを考えながら，個別の介入・支援方法を作り上げていくことが児童精神科医として社会的養護を研究する筆者に課された役割であると確信している。そして，それにとどまらず社会的養護の下に置かれた，または，今後置かれる可能性の高い乳幼児それぞれにとって最善の利益が得られるようなシステムの確立を目指し，必要な取り組みを一つずつ進めていくことが今後の大きな課題である。

おわりに

　これまでの実証的研究の示すところによれば，その限界とする時期については議論の余地があるものの，「乳幼児期については，可能な限り早期の安定した家庭養護への移行がさまざまな発達の改善につながる」という点では一致しており，新たに社会的養護下に入る乳幼児については国連等国際機関も明示しているとおり基本的に家庭養護という方向性を第一とする必要がある。その際には多職種による里親支援を用意し里親養育の水準を維持することなど，地域における子どもとそのケア提供者への支援の充実が先行していなければならない。

　すでに施設入所している乳幼児については，その時点で実際に利用可能な代替策や支援も含めて，個々の置かれた状況はさまざまである。したがって，家庭養護への移行の可能性は常に考え，その実現を模索・準備しながらも，ケア職員個々の資質・技能と施設のもつケアシステム自体の水準の向上を図りつつケアを継続し，家庭的養護を可能な限り実現していくという選択肢もありうるであろう。さらに，施設の将来としては，乳幼児の施設養護については母子同伴のアセスメント，レスパイト等，短期間での利用を主目的とした専門的ケア施設への展開により，家庭養護を中心とした社会的養護システムの中での新たな役割を担うことなども期待される。

　児童の権利に関する条約3条1に「児童に関するすべての措置をとるに当たっては，公的若しくは私的な社会福祉施設，裁判所，行政当局又は立法機関のいずれによって行われるものであっても，児童の最善の利

益が主として考慮されるものとする」[206]とあるが,「児童の利益」とだけ記されたのではなく,「児童の最善の利益」と記されたことに関係者は気づかなければならない。この「最善」の解釈は人によって異なるかもしれないが,「最善」とは常に固定することなく,他にありうるものとの比較において,個々に決定されるものであると筆者は考える。「これが最善である」と考え,固定された瞬間から,最善ではなくなる可能性が高まるのではないだろうか。これまで述べてきたように,最善の利益を保障する実践はそれのみで実現できるものではなく,その効果を検証し方向性を定め,またその成果を確認するための実証的研究という歯車と,これらを先導しシステムとして持続したものとしていくための施策という歯車がうまくかみ合い連動して動き続けることで保障されるものである。最善とは「現状が最善なのか」と常に疑い,確認する「揺れ」の中に実現されるのではなかろうか。

　また,児童の権利に関する条約の精神的な父とも呼ばれるヤヌシュ・コルチャック（Janusz Korczak）は,大人から「将来」を強調され,「今」をないがしろにされる傾向にある子どもに「今を生きる権利」があることを明示した[207]。この「今を生きる子ども」という重要な視点をもち込めば,関係する大人には「今」実際にさまざまな社会的養護形態に置かれている子どもそれぞれにとっての「最善の利益」を求め続ける必要があるともいえる。乳幼児社会的養護における理念としては国連,EU等が掲げる方向性を確実に見据えながらも実践場面においては,個々の子どもが「今」置かれている状況や事態の改善も同時に要請されるのである。家庭養護が実現される「未来」のために,「今」の子どものニーズが無視されてはならず,可能な限り最大限にそのニーズを満たされる権利を子どもは有している。このように子どもの「今」と「未来」両方を同時に見据える際にも「揺れ」が生じうるのではなかろうか。この揺れはどちらかに偏ってしまう傾向があるが,ここでも両観点を同時にもち

206　外務省総合外交政策局人権人道課『児童の権利に関する条約』2007年改訂版, p.13。
207　塚本智宏『コルチャック　子どもの権利の尊重――子どもはすでに人間である』子どもの未来社, 2004年, pp.76-78。

続けながら，個別の状況における最善の実現を図り続けることが必要となるであろう。

このような最善を求めるがゆえの「揺れ」については戦後のわが国の社会的養護実践者の考えの中にも見て取れる。全国乳児福祉協議会第2代会長であった林文雄氏の言葉を以下に引用する[208]。自らが実践している今の取り組みの中での最善を目指しつつ，将来に託された真の最善をも同時に目指すという考えが実践の場においてももちうるものであることを示しており，戦後日本の社会的養護草創期にこのような考えで実践を続けられた先人が存在していたことをここで特筆しておきたい。

「ポーランドでは20年かかって収容制度の失敗を知り，セルビヤでは10年かかって里親問題を解決している。賀川豊彦氏は1家族に1人の不良少年を養えということを早くから提唱したが，これは未だ日本人の生活水準を高めることが先決問題で，解決されていない。里親については京都の一条村や，大阪の北倭，豊園村及び奈良県寄りの山田村などは里親村として有名であったこともあるが，日本の家庭は建物にも余裕もないし，決して成功とはいえなかったが，然しこういう試みをした先輩の態度には敬服するものである。収容施設にしても，子供への愛情は感ずるが里親に出す方が，子供の将来の為には遙かに施設よりよいと思うので受け入れ態勢さえ良ければ進んで里親に出すべきであると思う。私は，終戦後から乳児院を始めているが，これは戦災による捨児が非常に多かったので，かって今宮で戦時中から乳児預所と診療所や保育所をやって居った経験に基き，模範的な乳児院を作る決心で始めた。幸いに4年間1人も死亡しないという好成績を納め得たが，それでも一般家庭の乳児より成長の遅れる原因が，愛情の少ない関係にあることを知らされて，上述のように里親の拡充を念願するものである。」

---

208 全国乳児福祉協議会『乳児院50年のあゆみ——全国乳児福祉協議会50年史』全国社会福祉協議会全国乳児福祉協議会，2000年，p.54。

社会的養護の方針についての将来を見通した「揺るぎない原則」と，将来へと向かう現在に対処しなければならない「現場の揺れる反応」が同時に必要とさている。「揺るぎない原則」を常に意識し，いつか必ずそこにたどり着くことを忘れずに，そこにつながる今とするための具体的な実践を展開し続けることが，われわれには必要とされている。

補　遺
施設より家庭養護へ移行した子どもの 30年間追跡調査（池田，1981）から 今後の社会的養護について考える[1]

I　はじめに

わが国の社会的養護においては，施設小規模化と家庭的養護の推進が課題とされている[2]。国連による子どもの代替養育に関するガイドライン[3]でも子どもの最善の利益を保障するために家庭養護を推進することが勧められているが，家庭養護の歴史や現状はさまざまであり，国，地域，家庭ごとに実践上の課題は異なる。

子どもの最善の利益となる家庭養護は，何をもって実現したといえるのであろうか。直接子どもやケア提供者の声を聴くことに加えて，家庭養

---

1) 本補遺は2013年に開催された日本子ども虐待防止学会第19回学術集会信州大会分科会での筆者の報告をもとに，他の参加者からの意見も参考にしてまとめ，2014年11月刊行の長野大学紀要36(2) pp.1-8に掲載された論稿に一部加筆訂正したものである。筆者は児童精神科医として日本の社会的養護現場にかかわる中で問題解決の方向性や具体的な方法について，本文にまとめた欧州における乳幼児社会的養護領域の実践，研究，施策とその協働についての研究を深め，その知見をもとに日本の社会的養護の現状を相対化し客観的にとらえることで，何が解くべき問題であるのか探求を続けている。一方で，日本の社会的養護研究と実践展開，施策策定の歴史を振り返ることも，現状を相対化するために不可欠な観点であると考えている。この2つの観点がそろってこそ，現在の日本の社会的養護の立ち位置と，これからの方向性を明らかにできるであろう。本書では，日本の社会的養護のこれまでと今後については，ほとんど触れることができなかった。日本における社会的養護の実証的研究については，本書でも述べているとおり，これまであまり多く取り組まれてこなかった。ただ，その中でも重要と思われる『ホスピタリスムスの研究』と池田による研究について，現時点での成果をまとめたものが本書第5章第2節とこの補遺である。
2) 厚生労働省『児童養護施設等の小規模化及び家庭的養護の推進について』2012年。
3) United Nations, *Guidelines for the Alternative Care of Children* (General Assembly A/RES/64/142), 2009（子どもの村福岡編『国連子どもの代替養育に関するガイドライン――SOS子どもの村と福岡の取り組み』福村出版，2011年）。

護の客観的な評価や追跡調査も重要である。しかし，わが国ではこのような実証的研究がほとんどなされてこなかった[4]。これまでの家庭養護がどのような状況にあったか，足りないものは何か，変えなければならないことは何か，それらを客観的に議論するためのデータが必要とされている。

このような状況において，1981年に池田が報告した乳児院を退所後家庭養護へ移行した子どもの30年間にわたる追跡調査結果[5]は，今後のわが国の社会的養護に対して多くの示唆を与えるものであると考えられる。

II 目 的

わが国における家庭養護を，子どもの最善の利益を保障するものとするために，われわれは何をしなければならないのかを考える基礎資料として，これまでと現在の社会的養護研究の成果をもとに主に3つの池田論文[6]を再考し，今後への示唆を得ることを目的とする。

III 対象および方法

本稿における主たる考察対象は下記論文②であるが，趣旨を読み誤らないよう，その前後に報告された論文①と論文③についても概観し，論文②がどのような文脈で報告されたものかについても筆者の考えを示す。また，これらの論文の意味するところを，英国，米国のルーマニア孤児研究の成果や示唆，また1951年のボウルビィによるWHO報告を通して再検討し，日本の社会的養護の今とこれからについて課題を整理

---

[4] 筒井孝子・大夛賀政昭「社会的養護体制の再編に向けた研究の現状と課題――社会的養護関連施設入所児童の変化，これに伴うケア提供体制の再構築のための研究の在り方」『保健医療科学』60(5)，2011年，pp.401-410．
[5] 池田由子「乳児院収容児の長期予後調査的研究 第一報 里子・養子になった子どもたちの予後について」『精神衛生研究』28，1981年，pp.1-13．
[6] 同上論文に加えて以下の2つの論文を参照．
・池田由子「乳児院収容児の精神医学的研究 第一報 精神発達と身体発達 第二報 社会性と言語 第三報 初期反応と慢性反応」『精神衛生研究』3，1955年，pp.42-96．
・池田由子「児童虐待Neglectの研究――捨て子の長期予後調査」『安田生命社会事業団研究助成論文集』24(2)，1988年，pp.1-6．

する。

論文①（1955）「乳児院収容児の精神医学的研究　第一報　精神発達と身体発達　第二報　社会性と言語　第三報　初期反応と慢性反応」

論文②（1981）「乳児院収容児の長期予後調査的研究　第一報　里子・養子になった子どもたちの予後について」

論文③（1988）「児童虐待 Neglect の研究——捨て子の長期予後調査」

IV　結　果

筆者は各論文の関係を図補遺-1のようにとらえている。

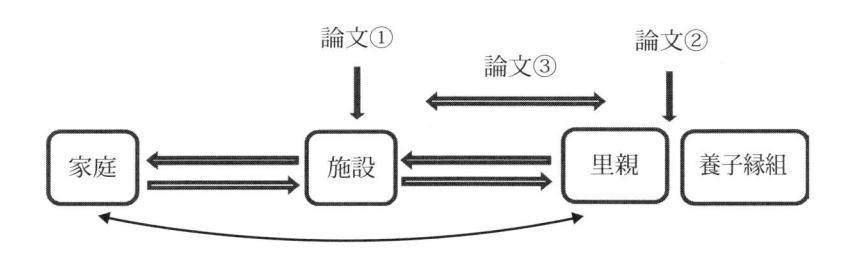

図補遺-1　池田論文①〜③の関係

以下，各論文の内容についてまとめる。それぞれの引用箇所については［　　］で示した。

1．論文①について

1950年代の日本の乳児院における子どもの発達への影響についての報告。同時期の海外での施設養護と同様に，日本の施設養護も子どもの発達にとって不十分なことが示されている。

論文①についてはその具体的内容にはあまり立ち入らずに，概要のみを池田の記述によって示す。

池田は考察の中で以下のように述べている。「乳児院収容児（1950年代の：筆者追記）では，知的，言語的，社会的発達の各側面が障害され

ていると同様に，情緒的な障害，人格構造上の偏りを示していることが明らかにされた。それは種々の研究方法において一致した結果が得られ，わが国においても諸外国の研究とほぼ相似た結果を示していることがわかった。その原因として精神医学的負因という点をとくに考慮に入れたが，これらの障害を素質的遺伝的要因にのみ帰することはできず，むしろ後天的な物理的，心理的環境，とくに保育者との対人関係の影響によるものであることが明らかにされた [p.92]。」

具体的な結果として，精神および身体発達については，入院時年齢が低く，在院期間が長いほど発達指数 DQ は低く（2歳以上いると著しく低下 [p.45]），保育者の計画的な接触を多く（6か月間）すると DQ は上昇し，退院後家庭（里親含む）へ戻った者は DQ が上昇したことが報告されている [p.51]。

また，生後6か月以下では DQ と体重の間には有意の関係があるが，それ以後は関係なく，体重が増加しても DQ は改善しない [p.48] ことも示されている。

さらに乳児院での生活が長くなるにつれ，乳児にみられるようになる一定の精神的および身体的症状を「慢性症状」として以下のように述べている。「これらの症状はきわめて特徴的なもので，乳児個々の個人的差異を超えて全乳児に共通する『類型』をもっている [p.65]。」そして慢性反応としての精神身体症状を以下のようにまとめている。身体的には睡眠障害，十分な食事にもかかわらず体重増加不良，顔色蒼白，消化器症状，指しゃぶり，Rocking，点頭痙攣様運動，一方，精神的には受動的で動きに乏しく，表情反応貧困，高音や見慣れぬ者への恐れ，過度の執着，無関心というような対人関係の不安定性が挙げられている [p.70]。

2. 論文②について

乳児院退所後に里子・養子になった子どもたちの30年間の追跡調査で，15人中（男5，女10），社会的適応の問題なしは4人（男1，女3）にとどまっていたとの報告。その詳細については論文中に一覧表 [pp.4

-5] が掲載され，性別，生年月日，乳児院入院年齢，理由，里子年齢，養子年齢，施設入所年齢，学歴，職業，結婚，最終IQ，里親の職業と家族（引取時）について，15ケースそれぞれの情報が示されている。さらに代表的な3つのケース「里子から養子縁組となり親子関係，社会適応などが問題なく経過した例」「里子から養子となり発達の経過中にさまざまな問題を引き起こしたが一応社会的に適応している例」「里子から養子になったが思春期以後に非行犯罪に陥り，養子縁組解消となった例」について，その具体的な経過が記されている。

また表中のケース1から4は，養子となって一応順調な適応を示す例，ケース5から7は，養子関係は続いているが本人が神経症的傾向そのほかの適応異常を示す例，ケース8から10は裁判で養子縁組解消になった例，ケース11から15は種々の理由で1回から数回の里子関係が失敗に終わった例として提示されている [p.7]。ケース1から4の詳細をみると，里子になった年齢はそれぞれ，11か月，9か月，9か月，4歳8か月となっている。また，その後養子縁組された年齢はそれぞれ2歳，1歳，4歳11か月，6歳8か月であった。ケース4については里親委託の前に3歳11か月から4歳8か月まで施設入所期間があった。

さらに里親での措置変更が複数回あったものを挙げると，ケース6は里親2回，ケース9は里親3回と施設1回，ケース11は里親5回と施設3回，ケース12は里親2回と施設1回，ケース13は里親2回と施設2回，ケース14は里親2回と施設2回となっている。他はケース5（3歳で里子，6歳7か月で養子）とケース10（2歳5か月で里子，3歳6か月で養子）以外は，里親委託の前後に施設への措置変更があった。

これらの結果をもとに，池田は考察の中で以下のようにまとめている。「Bowlby. J, Goldfarb. W らの研究をはじめとして，里親家庭で育てられた子どもが施設で育った子どもよりも知能，言語，情緒，社会性などのあらゆる発達側面でまさっているという報告が多い。著者も乳児院の子どもが里親の家庭に落着くとD. Q.や社会的生活習慣が急速にのびることを観察し，経済的条件などが劣る実父母の家庭に帰った15名の子どもよりもあるいは成人後の社会適応がまさるのではないかという期待

を持っていた。しかし，里親家庭に出たこの15名の予後は少数の例外を除いては良好と評価することは難しい。もとより里親家庭で育ち，あるいは養子縁組をした子どもで健康に成育した多数のいることは否定できない。しかし，30年間観察したこの15名の事例の詳しい分析から，研究の開始時には知られていなかったいくつかの問題点も明らかになった［p.11］。」

　この問題点については，追跡調査の個別の結果もふまえて以下のように提示されている。

　まず，里親になった動機は15例すべて「養子縁組」を前提としていることを取り上げている。これにより健康で性格や知能に問題のない子どもが好まれ，家の後継ぎとして養子であることを隠し，福祉関係者との接触も避けようとする傾向がみられたという。そして「そのような閉鎖的態度は，発達のそれぞれの時期に応じた適切な助言を得られにくくしている。」とコメントしている［p.12］。

　また，高年齢の里親（平均41歳）が目立ち，このことは，子どもの成人前に病気や死亡の可能性や高齢ゆえの子どもの思春期への対応困難，さらに過保護や過干渉など特徴的な育児態度が考えられ，子どもにとっては制約が多く，自由な成長を妨げ，あるいは神経症的傾向を生じさせうるとしている［p.12］。

　さらに里親選考基準の問題も取り上げ，以下のようなコメントを残している。

「里親の家庭に通信連絡後，家庭訪問をしてみると，調査書に書かれている記述と異なることが多かった。……里親の性格，里子を求める動機については，同一人が書いたように一定のきまり文句が並んでいた。すなわち，里親は『健康』で，『正直，まじめ，温厚，夫婦仲よく，妻は夫に従順で，社会的な信用がある』などという記載である。彼らは『子ども好き，子ぼんのう，社会のためにつくしたい』動機から里子を求めている。この過程では精神科医も心理判定員も接触していないから子どもを求める深層の動機はわからない［p.5-6］。」

　あまりに医学，心理学等の専門的判断が欠けているとし，さらに以下

のごとく指摘する「その結果里子に出て不調となり，何度も児相の一時保護所や施設を出入りし，結局それまで安定して生活していたもとの施設にも戻れず，新しい施設に移ったり，いわゆる『里子くづれ』として，不安定な里親の家庭でもみくちゃにされ，せっかくのすぐれた資質を伸ばすこともできずに退行してしまう犠牲者の存在することを，たとえ少数といえども忘れてはならないと思う［p.12］。」

3. 論文③について

戦後の「棄児」の追跡調査結果について，当時の日本の施設養護と家庭養護での比較も含めての報告である。

個々の結果は論文中の表に掲載されているが，里子・養子群では社会的適応良好だったのは3人（男1，女2），普通は2人（男0，女2），悪いは5人（男3，女2），一方施設群では社会的適応良好だったのは0人，普通は5人（男3，女2），悪いは8人（男8，内1人死亡）となっている。

ここでも，論文中の池田の言葉を引用する。「社会的適応を一応，定住，職業の安定，異性関係を含む対人関係の状態から判定してみた。里子・養子群では養子縁組が継続している者の方が社会的適応がよいが，一応社会人としての生活を送っていても神経症的傾向を示す女性2名，男性1名がおり，これは養親の養育態度や自己同一性形成の問題が影響していると思われた［p.3］。」

V 考　察

1．ルーマニア孤児問題に関連した欧米の研究成果を通しての論文①についての検討

まず，本論第3章と拙稿[7]をもとに，ルーマニア孤児問題に関連する

---

7) 本論では第3章の内容を参照。以下の論文にもそれぞれのまとめがある。
・上鹿渡和宏「社会的養護の動向と喫緊の課題——『今を生きる子ども』の最善の利益から考える」『信州公衆衛生雑誌』6(2)，2012年，pp.113-120。
・上鹿渡和宏「英国・欧州における社会的養護に関する実証的研究の変遷と実践への影響」『長野大学紀要』34(2)，2012年，pp.1-13。

英国と米国における研究成果の概要を以下に再度示す。

　ルーマニアにおける独裁政権の崩壊と、その際に西欧メディアが明らかにした孤児院で暮らす子どもたちの惨状は各国の市民に衝撃をもたらし、国際養子縁組や国内での里親制度の拡充等、多くの人道的支援がなされた。その中で、英国のイギリス・ルーマニア養子研究（ERA 研究）と米国のブカレスト早期介入プロジェクト（BEIP）といった支援と組み合わされた大規模な疫学調査は、社会的養護に関する多くの示唆を与える成果を生み出した。

　ERA 研究では、ルーマニアの劣悪な環境下にあった孤児院から英国に国際養子縁組された子どもの発達経過が追跡された。施設でのデプリベーションとして「ケア提供者の頻繁な交代と子どもが当然しているべき経験の欠如」が特徴的であるとし、その影響が調査された。結果、施設養護の影響として、脱抑制型アタッチメントの問題、疑似自閉症特徴、不注意・過活動、認知機能障害等の特徴的な傾向が確認されている。疑似自閉症については自閉症様特徴が 4 ～ 6 歳頃で弱まり、社会性の程度やコミュニケーションにおける自発性、柔軟性の点で自閉症とは異なるとされる。さらに、大規模施設養護から家庭養護への移行後、数年間は改善が続くものの、生後半年までに個別ケアに移行することが特に重要であるとの見解も明確に示された[8]。

　一方 BEIP は、ルーマニア国内での里親制度を里親支援システムやソーシャルワーカー養成まで含めて創設し、その介入の効果と施設養護の影響について考察している。身体、言語、社会性、認知機能、アタッチメント、脳機能、精神保健に関する問題等、さまざまな領域での子どもの発達への影響が調査されている。特に認知機能については、ルーマニアにおける大規模施設養護を受けた子どもの知的な遅れが明らかにされ、施設から里親へ移行された子どもには明らかな認知機能の回復がみ

---

[8] Rutter, M., Beckett, C., Castle, J., et al., *Policy and Practice Implications from the English and Romanian Adoptees (ERA) Study: Forty Five Key Questions*, British Association for Adoption & Fostering (BAAF), 2009（上鹿渡和宏訳『イギリス・ルーマニア養子研究から社会的養護への示唆──施設から養子縁組された子どもに関する質問』福村出版、2012年）。

られ，2歳までの移行が効果を最大にしうる（早期であればあるほどよい）ことが明らかにされている[9]。

これらの研究成果をもとに，発達指数 DQ に関連して池田が指摘している以下について考察する。まず「入院時年齢が低く，在院期間が長いほど DQ は低い。特に2歳以上在院すると著しく低下する」との見解については，DQ ののびについて2歳が重要な時期ととらえられている点は，BEIP と同様と考えられる。また，「退院後家庭（里親含む）へ戻った者は DQ が上昇した」という事実については，家庭復帰後短期間での結果であることに留意する必要がある。その後長期にわたっての結果が不明であったため，効果が持続していることを期待して論文②や③につながる調査が計画されたと考えられる。

次に「生後6か月以下では DQ と体重の間には有意の関係があるが，それ以後は関係なく，体重が増加（栄養状態改善）しても DQ は良好とならない」という報告については，ERA 研究で得られた示唆と同様の見解と考えられる。栄養状態と心理社会的接触の影響について後者の重要性を強調する結果であるといえる。

さらに，池田が乳児院収容児にみられる慢性症状として挙げた特徴には，ERA 研究の結果との類似性もみられる。特に「これらの症状はきわめて特徴的なもので，乳児個々の個人的差異を超えて全乳児に共通する『類型』を持っている」と述べているが，ERA 研究における施設デプリベーションによる影響のパターンとも同様のとらえ方であり大変興味深い。池田が示した慢性症状を具体的に検討すると，ERA 研究で提示された施設デプリベーションによる特徴的な傾向とも重なる部分が少なくないように思われる。

ただし，この研究は1950年代のある病院附設乳児院収容児（1か所）での調査結果であることにも留意する必要があり，この結果をそのまま当時のすべての施設や現在の施設養護に当てはめることはできない。それはルーマニア孤児研究から得られたさまざまな結果を，状況の異なる

---

[9] Nelson, C., Zeanah, C., Fox, N., et al., "Cognitive recovery in socially deprived young children: The Bucharest early intervention project", *Science,* 318 (no.5858), 2007, pp.1937–1940.

他国の施設養護にそのまま当てはめて考えることができないのと同様である。

2. 論文②について

追跡結果良好ケースの共通点としては以下のように整理した。

まず，里子になった（＝施設養護が終わった）年齢が1歳未満のケースは，すべて経過がよかった。これについては，アタッチメント等に関連する問題がなく（あるいは少なく），特別な支援がなくても安定した養育に移行できたのではないかと考えられる。移行年齢の重要性については前記のとおりERA研究では6か月未満，BEIPでは2歳未満と明示されているが，池田の報告からも同様に移行年齢の重要性が示唆される。

次に，乳児院退所後最初の里親委託で落ち着いたケースは経過がよかった。個別の記録からは1歳以降での里親委託では（支援システムもない状況では），養育が破綻し複数回の措置変更につながっている者がほとんどであることが読みとれる。

さらに，ケース4については長期の施設措置（乳児院から施設に移行された後の里親委託）による知的発達の影響があったものの，それが献身的な里親の養育によって改善し，大きな社会的逸脱には至らなかった例と考えられ，本調査の中では例外的なケースとも考えられた。ただ，養育環境が安定していれば改善が見込める可能性も示しており，里親支援の重要性が示唆される。

また，追跡結果不良ケースの共通点としては以下のように整理した。

まず，いずれも委託時年齢が1歳以降（施設入所期間が長い＝里子委託年齢が高い）であり，当時の施設生活の影響による知的発達の遅れ，アタッチメント障害，その結果としての多動や問題行動が委託時にすでにみられたと考えられる。これについては池田論文①やERA研究，BEIPの知見とも合わせて考えると理解しやすい。特にかかわりの難しい子どもについて事前の評価や対応方法の助言もなく，周囲には秘密にして里親だけで抱え込むという状況の中では，多くのケースで子どもとの関係が危機的な状況となることが十分予想できるのではないだろうか。

次に，里親委託不調で措置変更を繰り返すことで子どもはダメージを受け，それが経過の悪化に決定的な影響を与えたと考えられる。ケース6，9，11から14で特にこのことが確認できる。施設養護では，幼児期や学童期に不調となり他の施設に措置変更になることは稀なことであり，この幼児期の委託不調は，里親養育独特のもので子どもに与えるダメージは非常に大きいと考えられ，これにどう対応するかが重要な課題であろう。

　まとめると，問題は個々の里親というよりは，当時の里親養育システムやそれも含めた社会的養護システムにあったのではないかと考えられる。つまり，里親認定，子どものアセスメント，マッチング，里親支援，乳幼児期の長期施設養護の影響，措置変更がもたらす影響が課題として整理できる。これらの課題について，その後現在に至るまでに状況がどう変化し，すでに解決されたのか，依然として課題のまま存在しているのか十分な検討が必要であろう。里親支援については当時の里親の心情からすれば，たとえあったとしても自分たちには不要，または使えないということで支援システムは機能しなかったかもしれない。このように考えると，さまざまな問題の解決のための大前提として，里親が社会的養護の重要な一端を担っていることや里親養育は子どものためのものであることを，少数ではなく多くの里親が明確に自覚できるような働きかけが必要だったのではないだろうか。

3．論文②の前提に関する検討
　論文②の池田の考察によれば，期待に反して当時の家庭養護の追跡結果がよくなかったと報告されているが，その前提となっている「Bowlby．J，Goldfarb．W らの研究をはじめとして，里親家庭で育てられた子どもが施設で育った子どもよりも知能，言語，情緒，社会性などあらゆる発達側面で勝っているという報告が多い」との見解について，ここで検討する必要があると考える。

1951年のボウルビィの著作[10]において,ゴールドファーブ（Goldfarb）の重要な3つの研究(1943-1945)について以下のような記載が確認できる。

>　「これらの研究はいずれも,生後3年間施設で保護された後に里子になったものと,母親のもとから直接里子になった者の精神発達の比較である。……ゴールドファーブは最善を尽して,これら両群の里家を等しくした。特に里母の職業,教育程度,精神状態の点においては施設群の方が多少とも勝っているほどであった。従って両群にみられる精神状態の差は,事実上,乳児期における生活経験の相違によって生じたものと考えられた。」

　このように「施設からの里親委託」と「実家庭からの里親委託」で里親の条件を同様にした場合,同じ里親養育でも,「施設からの里親委託」の子どもの問題がより大きく,子どもの発達への影響もより大きいことが示されている。つまり,同じ里親養育であるが,乳幼児期のある期間,施設養護（1950年代の水準）を経たかどうかで,子どもの状態は異なり,その後の里親養育での経過にも大きく影響すると考えられる。

　論文②における里親委託での不調は,ゴールドファーブの研究でいえば「施設からの里親委託」についての評価結果であり,その意味では,実は海外研究と結果は一致していたとも考えられ,施設から里親委託となった子どもへの「乳幼児期のある期間を超えた施設養護の影響」の大きさが当時の日本の状況でも確認されたといえるのではないだろうか。

　ここで問題となるのは,当時の日本に家庭から直接里親への委託というかたちがどの程度存在していたかである。あったとしても池田が示したような「閉鎖性」から研究対象となりえなかったのかもしれない。また,里親に委託される際のアセスメントやマッチング,その後の支援体制等の不足など海外との差は大きく,里親に委託される前の条件に加えて里親委託後の状況についても,池田が想定していた他国の当時の状況

10）　Bowlby, J., *Maternal Care And Mental Health*, WHO, 1951（黒田実郎訳『乳幼児の精神衛生』岩崎学術出版,1967年,pp.29-30）.

に比べて日本の家庭養護実践者にとっては不利な条件が重なることが多かったと考えられる。

4. 池田論文の限界とわれわれの役割

池田は論文①の最後で施設養護が子どもの発達に及ぼす影響について以下のように述べている。「……この効果がどの位永続性をもつか，将来の人格発展にも有害な効果があるか，この後のわが国の家庭生活の体験により補償されるものであるか否かの諸点は，未だ十分な結論は得られていない。……更に系統的な予後調査的研究を，各領域の人々の協力を得て続けたいと考えている［pp.93-94］。」

池田自身は，家庭養護への期待を抱きながら，家庭養護の下にある子どもの現実を客観的に確かめようとしていた。このような真摯な姿勢こそが，今まさに必要とされているのではないだろうか。

また，論文②の家庭養護追跡調査では「家庭から直接里親養育」となったケースについてはフォローされていない。現在，わが国で「家庭から直接里親養育」となるケースとして考えられるのは，さまざまな事情により出生直後から親の養育が不可能なケース，そして，もう一つは今後里親委託率増加にともない，新たに増えてくると予想される家庭から施設を通さないかたちでの里親委託であろう。家庭養護の充実に関してはわが国の先を行く英国においても，里親を主とする社会的養護の中でかかわりの難しい子どもへの対応に関するプログラムや支援システムの工夫が喫緊の課題とされ，多職種による具体的な取り組みがなされている[11]。

池田論文や ERA 研究が対象とした子どもはほとんどが孤児であり，現在の日本の状況のように実親からの虐待やネグレクトを受けて社会的養護が必要とされる場合は，その処遇について別に慎重な検討が必要であろう。特に，論文②で追跡評価された 15 人のうち 9 人が「捨子」で

---

11) Briskman, J., Castle, J., Blackeby, K., et al., *Randomised Controlled Trial of the Fostering Changes Programme*, National Academy for Parenting Research, King's College London, Research Report DFE-RR237, 2012.

あること。追跡結果良好群も3ケースは「捨子」，もう1ケースも父親が不明で母親は病死したため生後1か月で乳児院入所のケースであり，現在の施設入所理由と比べると施設入所前の経験やその後の親子関係などについては異なる状況であったことが想定される。

わが国の社会的養護体制については，厚生労働省から独自の将来像（家庭的養護推進計画，都道府県推進計画）として本体施設，グループホーム（家庭的養護），里親・ファミリーホーム（家庭養護）を平成41年度までにそれぞれ3分の1ずつの割合にしていく方向性が示されている[12]。この割合が適切かどうかについても議論を要すると思われるが，仮にそのような状況に近づくとすれば，どのようなケースを家庭養護とするのか，家庭養護でどこまで対応するのかなど，わが国独自のシステムの検討が必要になると思われる。そして，施設を積極的に利用するとなれば，かかわりの難しい子どもには短期間施設で集中的に対応することなども考えられる。実際，家庭養護の優位性が特に明確に示されている乳幼児社会的養護の領域においても，里親委託や家庭へ戻ることを目的として，その準備調整のために期間限定で施設を利用することもあるようである。たとえば，乳幼児社会的養護について家庭養護への移行の重要性が明示されているダフネ・プログラムの報告でも，ベルギーの乳幼児施設養護率の高さについて，家族再統合を目指す取り組みがなされている施設であることが付記されている[13]。乳幼児の社会的養護における施設利用の目的や運用は国によってさまざまであり，わが国においてどのような方向を目指すのか，他の資源との関係も考慮しながら慎重な検討が必要と思われる。

5．論文③と虐待一次予防への方向性

論文③で，池田は施設との比較では家庭養護の追跡結果が良さそうで

---

12) 厚生労働省『社会的養護の現状について（参考資料）平成25年3月』2013年，p.60。
13) Browne, K., Hamilton-Giachritsis, C., Johnson, R., et al., *Mapping the number and characteristics of children under three in institutions across Europe at risk of harm*, European Commission Daphne Programme, University of Birmingham Press, 2005a, p.45.

はあるものの，それが子どもにとって十分なものか，最善のものとなっているかどうかについては明言していない。池田自身は里子養子群，施設群どちらの結果も「子どもにとっては不十分」ととらえていたのではないだろうか。

また，その後の池田の研究や取り組みについては『児童虐待の病理と臨床』[14]や『児童虐待――ゆがんだ親子関係』[15]といった著作にみられるように，虐待の予防的対応に関連したものに移っていったようである。明確に意識されていたかどうかはわからないが「施設より里親，里親より実家庭」というように，子どもにとっての最善とは何かを求めた経過のようにもみえる。

「社会的養護への入口をどうコントロールするか」は，とりわけ重要な課題である。子どもの視点で社会的養護における最善の方向を考える際に，社会的養護となった後の環境改善はもちろん重要であるが，社会的養護を必要とする状況に至らせないような，実親のもとで生活を続けられるような支援も同時に必要とされていることを忘れてはならない。池田の研究の流れからは，このようなことも示唆されるのではないだろうか。

VI 結 語

池田論文が前提とせざるをえなかった「施設からの移行に偏った里親委託」「社会的養護としての里親養育意識の不足」「里親支援システムの欠如」など当時の里親制度の現実の中で，その後の経過を改善する因子としては，短期の施設入所，少ない措置変更回数，1歳未満での家庭養護への移行が考えられた。

このような状況においても，愛知方式のような新生児養子縁組の取り組み[16]は1歳未満での家庭養護への移行であり，特別養子縁組により措

---

14) 池田由子『児童虐待の病理と臨床』金剛出版，1979年。
15) 池田由子『児童虐待――ゆがんだ親子関係』中央公論社，1987年。
16) 厚生労働省「新生児里親委託の実際例について（愛知県における取り組み例）」『里親委託ガイドライン』2011年。

置変更の可能性もほとんどないことを考えると，その後の経過に期待がもてるのではないだろうか。ただ，今回得られた示唆からは，養子縁組につなげるにあたっても，その後の経過のさらなる改善のためには，乳幼児期の施設養護期間や子どものアセスメント，また養子縁組成立後のサポート体制などについて，検討が必要と思われる。

　一方，近年社会的養護を必要とする乳幼児については，実家庭での虐待やネグレクトにより社会的養護に入る前にすでにさまざまな身体・精神的影響がみられる子どもが増え，さらに，そのような子どもの施設入所期間が長くなることで発達への影響が心配される状況においては，家庭養護につなげる場合には留意すべきことが多いと考えられる。先天的・後天的さまざまな要因により，かかわりの難しい子どもへの理解と対応のためには，里親トレーニングや里親支援システム，そして，里親委託不調を可能な限り回避するためという明確な目的のもと，特に乳幼児については実家庭や家庭養護につなげるためのアセスメントや調整といった対応のできる場も必要とされるかもしれない。

　わが国の社会的養護においては，家庭養護重視への移行が遅くはあるが，同時に他国での実践を参考にできる立場にあることを示している。われわれは，適切なモデルをもとにその効果を確認しながら独自の社会的養護システムを構築できるはずである。

　子どもにとっては，里親・ファミリーホームも，（適正規模の）施設も，家庭も，すべてが生活の場となりうる。乳幼児については，家庭養護を増やしつつも，その時，その場所で可能な実際の養護形態に合わせて最善の状況を求め続けることが必要であろう。「このやり方が最善であり，不足は何もない」という考えをもってしまうことこそが，「子どもにとっての最善の利益」の実現から遠のいてしまうことにつながるのかもしれない，との思いを常にもち続けることによって，「最善」は保障されるのではないだろうか。

参考文献（外国語文献）

Ad Hoc Expert Group, *Report of the Ad Hoc Expert Group on the Transition from Institutional to Community-based Care*, European Commission, 2009.

Bachman, K., Blackeby, K., Bengo, C., et al., *Fostering Changes: How to Improve Relationships and Manage Difficult Behaviour, Second edition*, BAAF, 2011.

Bengo, C., Blackeby, K., Lawson, D., et al., *The Skills to Foster Leaders' Guide*, The Fostering Network, 2014.

Biehal, N., Dixon, J., Parry, E., et al., *The Care Placements Evaluation (CaPE): Evaluation of Multidimensional Treatment Foster Care for Adolescents (MTFC-A)*, Research Report DFE-RR194, 2012.

Borthwick, S., Donnelly, S., *Concurrent Planning: Achieving Early Permanence for Babies and Young Children*, BAAF, 2013.

Bowlby, J., *Maternal Care And Mental Health*, WHO, 1951（黒田実郎訳『乳幼児の精神衛生』岩崎学術出版社，1967年）.

Briskman, J., Castle, J., Blackeby, K., et al., *Randomised Controlled Trail of the Fostering Changes Programme*, National Academy for Parenting Research, King's College London, Research Report DFE-RR 237, 2012.

Brown, H.C., *Post-Qualifying Social Work Practice–Social Work and Foster Care*, SAGE, 2013.

Browne, K., Hamilton-Giachritsis, C., Johnson, R., et al., *Mapping the Number and Characteristics of Children Under Three in Institutions Across Europe at Risk of Harm*, European Commission Daphne Programme, University of Birmingham Press, 2005a.

Browne, K., et al., *Identifying Best Practice in Deinstitutionalisation of Children Under Five from European Institutions*, European Union Daphne Programme, Final Report No.2003/046/C, 2005b.

Browne, K., et al., "Overuse of Institutional Care for Children in Europe", *BMJ*, 332, 2006.

Caw, J., Sebba, J., *Team Parenting for Children in Foster Care*, Jessica Kingsley, 2014.

Centre for Forensic and Family Psychology, *Moving Young Children from Institutions to Family Based Care* (leaflet), University of Birmingham, 2007.

Crockenberg, S., "How Valid are the Results of the St. Petersburg-USA Orphanage Intervention Study and What Do They Mean for the World's Children?", *Monographs of the Society for Research in Child Development*, 73 (3), 2008.

Curtis Committee, *The Report of the Care of Children Committee*, HMSO, 1946.

Department for Education, *An Action Plan for Adoption: Tackling Delay*, para 60, 2012.

Department of Health (UK), LAC (98) 28, *The Quality Protects Programme: Transforming Children's Services*, 1998.

DfES, *Care Matters: Time for Change*, 2007.

Dozier, M., Kaufman, J., Kobak, R., et al., "Consensus Statement on Group Care for Children and Adolescents: A Statement of Policy of the American Orthopsychiatric Association", *American Journal of Orthopsychiatry*, 84 (3), 2014.

European Commission, *Guidance on Ex ante Conditionalities for the European Structural and Investment Funds*, 2014.

European Expert Group on the Transition from Institutional to Community-based Care, *Common European Guidelines on the Transition from Institutional to Community-based Care*, 2013a.

Europian Expert Group on the Transition from Institutional to Community-based Care, *Toolkit on the Use of European Union Funds for the Transition from Institutional to Community-based Care*, 2013b.

"Fostering Scheme Gives All-round Support", *Children & Young People Now*, 23 August-5 September 2011.

Fox, N., Almas, A., Degnan, K., et al., "The Effects of Severe Psychosocial Deprivation and Foster Care Intervention on Cognitive Development at 8 Years of Age: Findings from the BEIP", *Journal of Child Psychology & Psychiatry*, 52 (9), 2011.

Hodges, J., and Tizard, B., "Social and Family Relationships of Ex-institutional Adolescents", *Journal of Child Psychology & Psychiatry*, 30 (1), 1989a.

Hodges, J., and Tizard, B., "IQ and Behavioural Adjustment of Ex-institutional Adolescents", *Journal of Child Psychology & Psychiatry*, 30 (1), 1989b.

Hojer, I., Luke, N., Sebba, J., *The Impact of Fostering on Foster Carers' Children: An International Literature Review*, Rees Centre, 2014.

Humphreys, C., Kiraly, M., "High-Frequency Family Contact: a Road to Nowhere for Infants", *Child and Family Social Work*, 16 (1), 2011.

Kenrick, J., "Concurrent Planning : A Retrospective Study of the Continuities and Discontinuities of Care, and Their Impact on the Development of Infants and Young Children Placed for Adoption by the Coram Concurrent Planning Project", *Adoption & Fostering*, 33 (4), 2009.

Luke, N., Sebba, J., *Supporting Each Other : An International Literature Review on Peer Contact Between Foster Carers*, Rees Centre, 2013a.

Luke, N., Sebba, J., *How are Foster Carers Selected?: An International Literature Review of Instruments Used within Foster Carer Selection*, Rees Centre, 2013b.

Luke, N., Sebba, J., *Effective Parent-and-Child Fostering: An International Literature Review*, Rees Centre, 2014.

Lumos, *Impact Report*, 2013.

Lumos, *Ending the Institutionalisation of Children Globally–the Time is Now*, 2014a.

Lumos, *2013 Annual Review*, 2014b.

McCall, R., Groark, C., Rygaard, N., "Global Research, Practice, and Policy Issues on the Care of Infants and Young Children at Risk: The Articles in Context", *Infant Mental Health Journal*, 35 (2), 2014.

McSherry, D., Malet, M., Weatherall, K., *Comparing Long-Term Placements for Young Children in Care*, BAAF, 2013.

Muhamedrahimov, R. J., Agarkova ,V. V., Palmov, O. I., et al., "Behavior Problems in Children Transferred from a Socioemotionally Depriving Institution to St. Petersburg (Russian Federation) Families", *Infant Mental Health Journal*, 35 (2), 2014.

Mulheir, G., Browne, K. and Associates, *De-Institutionalising And Transforming Children's Services: A Guide To Good Practice*, University of Birmingham Press (in collaboration with EU/WHO), 2007.

National Authority for the Protection of Child's Right (NAPCR), *Child Welfare in Romania–the Story of a Reform Process*, 2006.

Nelson, C., Zeanah, C., Fox, N., et al., "Cognitive Recovery in Socially Deprived Young Children: The Bucharest Early Intervention Project", *Science* 318 (5858), 2007.

Nelson, C., Fox, N., Zeanah, C., *Romania's Abandoned Children: Deprivation, Brain Development, and the Struggle for Recovery*, Harvard University Press, 2014.

O'connor, T. G., Rutter, M., & The English and Romanian Adoptees Study Team., "Attachment Disorder Behavior Following Early Severe Deprivation: Extension and Longitudinal Follow-up", *Journal of the American Academy of Child & Adolescent Psychiatry*, 39(6), 2000.

Pallett, C., Scott, S., Blackeby, K., et al., "Fostering Changes: A Cognitive-Behavioural Approach to Help Foster Carers Manage Children", *Adoption & Fostering*, 26 (1), 2002.

Pallet, C., et al., *Managing Difficult Behaviour*, BAAF, 2008.

Pallett, C., Simmonds, J., Warman, A., *Supporting Children's Learning: A Training Programme for Foster Carers*, BAAF, 2010.

Paulo Sérgio Pinheiro, *WORLD REPORT ON VIOLENCE AGAINST CHILDREN*, the United Nations Secretary-General's Study on Violence Against Children, 2006.

REGULATION (EU) No.1303/2013 OF THE EUROPEAN PARLIAMENT AND OF THE COUNCIL of 17 December 2013, *Official Journal of the European Union*, 20.12.2013, Article L347/343.

Roberts, R., et al., *Multidimensional Treatment Foster Care in England: Annual Project Report 2010*, National Implementation Team, 2010.

Rutter, M. and The English and Romanian Adoptees Study Team, "Developmental Catch-up, and Deficit, Following Adoption After Severe Global Early Privation", *Journal of Child Psychology & Psychiatry*, 39 (4),1998.

Rutter, M., Andersen-Wood, L., Beckett, C., et al., The English and Romanian Adoptees (ERA) Study Team, "Quasi-autistic Patterns Following Severe Early Global Privation", *Journal of Child Psychology & Psychiatry*, 40 (4), 1999.

Rutter, M., et al., "Recovery and Deficit Following Profound Early Deprivation" In P. Selman (ed.) *Intercountry Adoption: Developments, Trends and Perspectives*, British Association for Adoption and Fostering (BAAF), 2000.

Rutter, M., Taylor, E., *Child and Adolescent Psychiatry, Fourth Edition*, Blackwell Publishing, 2002.

Rutter, M., Kreppner, J., Croft, C., et al., "Early Adolescent Outcomes for Institutionally Deprived and Non-deprived Adoptees III: Quasi-autism", *Journal of Child Psychology and Psychiatry*, 48 (12), 2007.

Rutter, M., Beckett, C., Castle, J., et al., "Effects of Profound Early Institutional Deprivation: an Overview of Findings from a UK Longitudinal Study of Romanian Adoptees", G. M. Wrobel & E. Neil (eds.), *International Advances in Adoption Research for Practice*, Wiley-Blackwell, 2009a.

Rutter, M., Beckett, C., Castle, J., et al., *Policy and Practice Implications from the English and Romanian Adoptees (ERA) Study: Forty Five Key Questions*, British Association for Adoption & Fostering (BAAF), 2009b（上鹿渡和宏訳『イギリス・ルーマニア養子研究から社会的養護への示唆——施設から養子縁組された子どもに関する質問』福村出版，2012年）.

Rygaard, N. P., *Severe Attachment Disorder in Childhood*, Springer Wien New York, 2006.

Rygaard, N. P., and Bodil Husted, the Fair Start Project Group, *HANDBOOK FOR USERS OF THE FAIR START PROGRAM*, 2008.

Rygaard, N. P., "Designing The Fair Start Project–a Free E-Learning and Organizational Development Program for Orphanages and Foster Families in Quality Care Giving", *Clinical Neuropsychiatry*, 7 (9), 2010.

Rygaard, N. P., "The Fair Start project–A Free E-Learning and Organizational Development Program for Orphanages and Foster Families in Quality Care Giving", *Child and Youth Care Practice*, 24 (3), 2011.

Schofield, G., Simmonds, J., "Contact for Infants Subject to Care Proceedings", *Adoption & Fostering*, 35 (4), 2011.

Sebba, J., *Why do People Become Foster Carers? An International Literature Review on the Motivation to Foster*, Rees Centre, 2012.

Stockholm Declaration on Children and Residential Care, Department of Social Work, Stockholm University, 2003.

The St. Petersburg-USA Orphanage Research Team, "The Effects of Early Social-emotional and Relationship Experience on the Development of Young Orphanage Children", *Monographs of the Society for Research in Child Development*, 73 (3), 2008.

Tibu, F., Humphreys, K., Fox, N., et al., "Psychopathology in Young Children in Two Types of Foster Care Following Institutional Rearing", *Infant Mental Health Journal*, 35 (2), 2014.

Tizard, B., and Joseph, A., "Cognitive Development of Young Children in Residential Care: A Study of Children Aged 24 Months", *Journal of Child Psychology & Psychiatry* 11 (3), 1970.

Tizard, B., and Rees, J., "The Effect of Early Institutional Rearing on the Behavior Problems and Affectional Relationships of Four-year-old Children", *Journal of Child Psychology & Psychiatry*, 16 (1), 1975.

Tizard, B., and Hodges, J., "The Effect of Early Institutional Rearing on the Development of Eight Year Old Children", *Journal of Child Psychology & Psychiatry*, 19 (2), 1978.

Tobis, D., *Moving from Residential Institutions to Community–Based Social Services in Central And Eastern Europe And the Former Soviet Union*, The World Bank, 2000.

UN General Assembly A/61/299, *Promotion and Protection of the Rights of Children*, 2006.

UNICEF/UNSAIDS/USAID, *Children on the Brink 2004: A joint report of new orphan estimates and a framework for action*, USAID, 2004.

Vorria, P., et al., "A Comparative Study of Greek Children in Long–term Residential Group Care and in Two-parent Families: I. Social, Emotional, and Behavioural Differences", *Journal of Child Psychology & Psychiatry*, 39 (2), 1998a.

Vorria, P., et al., "A Comparative Study of Greek Children in Long–term Residential Group Care and in Two-parent Families: II. Possible Mediating Mechanisms", *Journal of Child Psychology & Psychiatry*, 39 (2), 1998b.

Ward, H., Munro, E., Dearden, C., et al., *Outcomes for Looked After Children: Life Pathways and Decision-Making for Very Young Children in Care or Accommodation*, Centre for Child and Family Research, Loughborough University, 2003.

Warman, A., Pallett, C., Scott, S., "Learning from Each Other: Process and Outcomes in the Fostering Changes Training Programme", *Adoption & Fostering*, 30 (3), 2006.

Westcott, H., *Institutional Abuse of Children–from Research to Policy : a Review*, NSPCC, 1991（津崎哲雄・山川宏和訳『子どもの施設内虐待を防止するために』英国ソーシャルワーク研究会翻訳資料シリーズ第13号，2001年).

Yelloly, M., et al., *Socialwork Theory and Psychoanalysis*, Van Nostrand Reinhold Company, 1980.

Yelloly, M., et al., *Socialwork And the Legacy of Freud: Psychoanalysis and its Uses*, Macmillan education LTD,1988.

Zeanah, C., Nelson, C., Fox, N., et al., "Designing Research to Study the Effects of Institutionalization on Brain and Behavioral Development: The Bucharest Early Intervention Project", *Development and Psychopathology*, 15 (4), 2003.

Zeanah, C. (ed.), *Handbook of Infant Mental Health, third edition*, The Guilford Press, 2009.

参考文献（日本語文献）

浅井春夫・松本伊智朗・湯澤直美編『子どもの貧困――子ども時代のしあわせ平等のために』明石書店，2008年

池田由子「乳児院収容児の精神医学的研究　第一報 精神発達と身体発達　第二報 社会性と言語　第三報 初期反応と慢性反応」『精神衛生研究』3，1955年

池田由子『児童虐待の病理と臨床』金剛出版，1979年

池田由子「乳児院収容児の長期予後調査的研究　第一報　里子・養子になった子どもたちの予後について」『精神衛生研究』28，1981年

池田由子『児童虐待――ゆがんだ親子関係』中央公論社，1987年

池田由子「児童虐待Neglectの研究――捨て子の長期予後調査」『安田生命社会事業団研究助成論文集』24(2)，1989年

IFCO2013大阪世界大会実行委員会『IFCO2013 大阪世界大会記録集』2013年

NPO法人社会的養護の当事者参加推進団体 日向ぼっこ『施設で育った子どもたちの居場所「日向ぼっこ」と社会的養護』明石書店，2009年

外務省総合外交政策局人権人道課『児童の権利に関する条約』2007年改訂版

上鹿渡和宏「社会的養護の動向と喫緊の課題――『今を生きる子ども』の最善の利益から考える」『信州公衆衛生雑誌』6(2)，2012年a

上鹿渡和宏「英国・欧州における社会的養護に関する実証的研究の変遷と実践への影響」『長野大学紀要』34(2)，2012年b

上鹿渡和宏「フェアスタートプログラムの開発経緯とその内容，意義について」『長野大学紀要』34(3)，2013年

上鹿渡和宏「フォスタリングチェンジ・プログラム（FCP）の可能性――ファシリテーター養成講座に参加して」日本ファミリーホーム協議会『ファミリーホーム みんなの広場』5，2014年a

上鹿渡和宏「施設より家庭養護へ移行した子どもの30年間追跡調査（池田，1981）から今後の社会的養護について考える」『長野大学紀要』36(2)，2014年b

グッドマン，R(Roger).（津崎哲雄訳）『日本の児童養護―児童養護学への招待』明石書店，2006年

グッドマン，R(Robert)., スコット, S.（氏家武・原田謙・吉田敬子監訳）『必携 児童精神医学――はじめて学ぶ子どものこころの診療ハンドブック』岩崎学術出版社，2010年

久保田まり「愛着研究はどのように進んできたか」『そだちの科学』7，日本評論社，2006年

厚生労働省雇用均等・児童家庭局家庭福祉課仮訳『第三委員会報告（A/64/434）に関する国連総会採択会議　64/142，児童の代替的養護に関する指針』2009年

厚生労働省：児童養護施設等の社会的養護の課題に関する検討委員会・社会保障審議会児童部会社会的養護専門委員会とりまとめ「社会的養護の課題と将来像」2011年7月

厚生労働省「新生児里親委託の実際例について（愛知県における取り組み例）」『里親委託ガイドライン』2011年

厚生労働省雇用均等・児童家庭局家庭福祉課：第13回社会保障審議会児童部会社会的養護専門委員会資料 3-1，2012年1月

厚生労働省雇用均等・児童家庭局通知『情緒障害児短期治療施設運営指針』2012年

厚生労働省『児童養護施設等の小規模化及び家庭的養護の推進について』2012年

厚生労働省『社会的養護の現状について（参考資料）平成25年3月』2013年

厚生労働省『社会的養護の現状について（参考資料）平成26年3月』2014年

コートニー，マーク, E., イワニーク，ドロタ（2009）(岩崎浩三・三上邦彦監訳)『施設で育つ

世界の子どもたち』筒井書房，2010年

子どもの村福岡編『国連子どもの代替養育に関するガイドライン――SOS子どもの村と福岡の取り組み』福村出版，2011年

コルトン，M.，ヘリンクス，W. 編著（飯田進・小坂和夫監訳）『EC諸国における児童ケア――里親養護・施設養護に関する各国別紹介』学文社，1995年

庄司順一・奥山眞紀子・久保田まり編著『アタッチメント――子ども虐待・トラウマ・対象喪失・社会的養護をめぐって』明石書店，2008年

全国乳児福祉協議会『乳児院50年のあゆみ――全国乳児福祉協議会50年史』2000年

滝川一廣「子どもはどこで育てられるのか」『こころの科学』137，2008年

谷川貞夫他『ホスピタリスムスの研究（一）（二）』全国社会福祉協議会連合会 1953/54年（『ホスピタリスムス研究』ビブリオ出版，1977年）

千葉県社会福祉審議会 児童福祉専門分科会社会的養護検討部会 社会的資源あり方検討委員会 『社会的養護を必要とする子どもたちのために――千葉県における社会的資源のあり方について 答申』2007年

塚本智宏『コルチャック 子どもの権利の尊重――子どもはすでに人間である』子どもの未来社，2004年

津崎哲雄『ソーシャルワークと社会福祉――イギリス地方自治体ソーシャルワークの成立と展開』明石書店，2003年

津崎哲雄「イギリスにおける養子縁組の制度と実態」湯沢雍彦編『要保護児童養子斡旋の国際比較』日本加除出版，2007年

津崎哲雄『この国の子どもたち――要保護児童社会的養護の日本的構築』日本加除出版，2009年

津崎哲雄『英国の社会的養護の歴史――子どもの最善の利益を保障する理念・施策の現代化のために』明石書店，2013年

土屋 敦『はじき出された子どもたち――社会的養護児童と「家庭」概念の歴史社会学』勁草書房，2014年

筒井孝子・大夛賀政昭「社会的養護体制の再編に向けた研究の現状と課題――社会的養護関連施設入所児童の変化，これに伴うケア提供体制の再構築のための研究の在り方」『保健医療科学』60(5)，2011年

ネルソン，C.，フォックス，N.，ジーナ，C.「チャウシェスクの子どもたち 育児環境と発達障害」『心の成長と脳科学（別冊日経サイエンス193）』日経サイエンス編集部，2013年

野澤正子「母子関係論と養育援助システムのあり方について」『社會問題研究』44(2)，1995年

野澤正子「1950年代のホスピタリズム論争の意味するもの：母子関係論の受容の方法をめぐる一考察」『社會問題研究』45(2)，1996年

バレット，クレア他，（上鹿渡和宏訳）『子どもの問題行動への理解と対応――里親のためのフォスタリングチェンジ・ハンドブック』福村出版，2013年

ヒューマン・ライツ・ウォッチ『夢が持てない――日本における社会的養護下の子どもたち』2014年

平田美智子「海外情報――アメリカのコンカレント・プランニングとパーマネンシー・プランニング里親」『新しい家族 養子と里親制度の研究』(51)，養子と里親を考える会，2008年

『フェアスタート ユーザーガイド・ハンドブック――里親家庭での適切な養育のためのフェアスタート・トレーニング・プログラムの実践方法』，2014年

藤林武史他「家族と暮らすことができない子どもの現状 里親普及に市民参加が求められた背景」『新しい絆を求めて――ファミリーシップふくおか3年のあゆみから』特定非営利活動法人子どもNPOセンター福岡，2008年

ブラウン，K.(2009)，(津崎哲雄訳)『乳幼児が施設養育で損なわれる危険性――EUにおける乳幼児の脱施設養育施策の理論と方策』英国ソーシャルワーク研究会翻訳資料シリーズ第20号，2010年

ボウルビィ，J.(1973)，(黒田実郎他訳)『母子関係の理論 Ⅱ分離不安』岩崎学術出版社，1978年

ボウルビィ，J.(1979)，(作田勉監訳)『ボウルビィ 母子関係入門』星和書店，1981年

ボウルビィ，J.(1980)，(黒田実郎他訳)『母子関係の理論 Ⅲ愛情喪失』岩崎学術出版社，1981年

ボウルビィ，J.(1988)，(二木武監訳)『ボウルビィ 母と子のアタッチメント――心の安全基地』医歯薬出版，1993年

ホルマン，B.(1996)，(津崎哲雄・山川和宏訳)『社会的共同親と養護児童――イギリス・マンチェスターの児童福祉実践』明石書店，2001年

ホルマン，B.(2001)，(福知栄子他訳)『近代児童福祉のパイオニア』法律文化社，2007年

山縣文治・林浩康編『社会的養護の現状と近未来』明石書店，2007年

山野良一『子どもの最貧国・日本――学力・心身・社会におよぶ諸影響』光文社，2008年

ラター，M.(1972)，北見芳雄他訳『母親剥奪理論の功罪――マターナル・デプリベーションの再検討』誠信書房，1979年

ラター，M.(1980)，北見芳雄他訳『続 母親剥奪理論の功罪』誠信書房，1984年

ラター，M.，テイラー，E.編(2002)，(長尾圭造・宮本信也監訳，日本小児精神医学研究会訳)『児童青年精神医学』明石書店，2007年

ラター，M.他(2009)(上鹿渡和宏訳)『イギリス・ルーマニア養子研究から社会的養護への示唆――施設から養子縁組された子どもに関する質問』福村出版，2012年

あとがき

　筆者が児童精神科医としての社会的養護現場での経験から，京都府立大学大学院公共政策学研究科博士前期課程福祉社会学専攻に入学し社会福祉の視点をもち研究を開始したのは2009年4月であった。その後5年半にわたる調査・研究を経て2014年9月に本書のもととなった博士論文を提出した。その後も社会的養護をめぐる状況は変化し，研究対象とした取り組みにもそれぞれの展開がみられたが，本書の内容は博士論文として提出した時点の記載をもとに，一部可能な範囲で加筆，修正，更新したものとなっている。

　筆者は日本の社会的養護にとって今後どのような取り組みが必要か，また，実際どのように取り組むべきかを明らかにするために本書のもととなった研究を進める中で，すでに指摘されているさまざまな課題への具体的対応について関係者とともに考えるための材料を提供したいと考えた。それゆえ本書では研究・実践・施策の協働に焦点を当てながらも，日本の現場への応用を念頭に置き，現在展開されている取り組みについてより具体的に記載している。その中には現在進行中の取り組みも含まれており，筆者としては「出版するのであれば，もうしばらくそれぞれの展開を追い評価を定めた上で内容を再構成したい」との思いから今回の出版を躊躇していた。しかし，推薦の辞にもあるように津崎哲雄先生から勧められ「さまざまなことが動きつつある今，関係者との協働のための資料として出版する価値があるのではないか」との考えをもつに至った。本書で紹介した実践や研究のその後の展開については，また時期をみて別のかたちで報告の機会をもちたいと考えている。研究を進める中で形成された日本の社会的養護に関心をもつ海外の研究者や実践者との協働関係をもとに，歯車の新たなかみ合わせが生じつつあり，また，そこに日本の関係者の関心と協力，支援が加えられ，かみ合った歯

車が動き始めつつあることをここに記しておきたい。

ところで，筆者は2015年8月から2016年3月の予定で長野大学国外研究員として，オックスフォード大学セントアントニーズコレッジ，日産現代日本研究所で研究を継続している。さまざまな角度から日本の諸問題を探求する研究者との交流や，英国の社会的養護研究者・実践者とのやり取りを通して，今後の日本の社会的養護に必要なこととその実現のために何をなすべきかについて，そして，そもそも目指すべき日本の社会的養護とはどのようなものかについてあらためて考えている。本書ではモデルとなりうるさまざまな取り組みの実際について記述しているが，それらはあくまでモデルであり，われわれが最終的に目指すものそのものにはなりえないのかもしれない。本書で取り上げた英国の社会的養護システムやプログラムも，完全なもの，最善のものであり続けられないことは本文で示したとおりである。われわれが目指すべきは「英国の社会的養護」ではなく「英国が目指す社会的養護」であり，さらにいえばこれも目指すべきものではなく参考にすべきものであろう。われわれは「英国が目指す社会的養護」を参考に「日本が目指す社会的養護」について明確にする必要があるのではないだろうか。ただ，英国がその目指すところに近づくための方法としてきた研究・実践・施策について，また，その協働についての理解は日本の社会的養護システムの再構築にも多くの示唆を与えうると筆者は考え，英国での研究を続けている。

本書出版と博士論文作成過程でお世話になったすべての方々に心より感謝申し上げる。

まず，京都市児童福祉センターの日々の臨床の中で，社会的養護における児童精神科医の役割について深く考えるきっかけを与えてくれた子どもたちと，子どもを支える養育者の方々，そして，センターのスタッフの皆様に深く感謝したい。また，専門であった医学領域だけでは解決できない問題にどう取り組むべきか大きな示唆を与えてくださり，その後も京都府立大学大学院公共政策学研究科博士前期・後期課程と長きにわたりご指導を賜った津崎哲雄先生には特段の謝意を表したい。また，

本書出版準備に際して折り良く与えられた英国での研究と思索の機会も，津崎哲雄先生とオックスフォード大学社会科学学部長であり日産現代日本研究所教授でもあるロジャー・グッドマン先生からの深いご配慮の賜物であり，本書出版に不可欠で貴重な時間であった。お2人の御厚意に衷心より感謝申し上げる。また，筆者の社会人としての研究を認め社会福祉の基礎からご教授くださった京都府立大学大学院公共政策学研究科の先生方にも心より感謝申し上げる。さらに，この間勤務した信州大学医学部衛生学公衆衛生学講座，長野大学社会福祉学部でも，本務の傍らこの研究を進めるにあたって多くの方々からご支援を賜ったこと，そして英国での研究の機会を与えていただいたことに心より感謝申し上げる。

　博士論文作成過程においては海外の実践や研究を対象としたことから研究資金を必要としたが，京都府立大学学術振興会，公益財団法人北野生涯教育振興会，長野大学からの研究助成等をもとに研究を継続することができた。また，文献での調査に加えて海外での訪問調査も多数実施し多くの方々のお世話になった。特に，BAAF，ルーモス，フォスタリングチェンジ・チーム，コア・アセッツ，リーズセンター，フェアスタートプログラムの関係者の方々からは研究を進める中で多くのことを学ばせていただいた。これらの関係機関から賜った協力と支援に心より感謝の意を表する。

　2015年度長野大学学術図書出版助成を受け，これまで2冊の関連書籍を翻訳し刊行した福村出版から本書が出版される幸運に恵まれたことにも深く感謝する。特に，これまで筆者の研究や実践に興味をもち応援し続けてくださり，今回も本書出版の機会を与えてくださった福村出版常務取締役の宮下基幸氏にはあらためて感謝の意を伝えたい。

　最後に，いつも変わらず筆者を助け多くの気づきと力を与え続けてくれる家族に，そして今回の英国滞在を通して「一緒にいること」の意味を再認識させてくれた家族の皆に心から感謝の気持ちを伝えたい。

2015年12月

上鹿渡和宏

【著者紹介】

　　上鹿渡　和宏（かみかど　かずひろ）

北海道出身。児童精神科医，博士（社会福祉学）（京都府立大学）。
慶應義塾大学文学部哲学科倫理学専攻卒業，信州大学医学部医学科卒業，京都府立大学大学院公共政策学研究科福祉社会学専攻博士後期課程修了。
佐久総合病院，静岡県立こころの医療センター，京都市児童福祉センター，信州大学医学部衛生学公衆衛生学講座等を経て，2012年3月より長野大学社会福祉学部准教授。2015年8月から2016年3月までオックスフォード大学セントアントニーズコレッジ・アカデミックビジター，日産現代日本研究所・ビジティングフェローとして英国で社会的養護に関する調査・研究に従事。
訳書に，マイケル・ラター他著『イギリス・ルーマニア養子研究から社会的養護への示唆－施設から養子縁組された子どもに関する質問』（福村出版，2012年），クレア・パレット他著『子どもの問題行動への理解と対応－里親のためのフォスタリングチェンジ・ハンドブック』（福村出版，2013年）がある。

欧州における乳幼児社会的養護の展開
研究・実践・施策協働の視座から日本の社会的養護への示唆

2016年3月31日　初版第1刷発行

著　者　　上鹿渡　和宏
発行者　　石井　昭男
発行所　　福村出版株式会社
　　　　　〒113-0034
　　　　　東京都文京区湯島2丁目14番11号
　　　　　TEL　03-5812-9702
　　　　　FAX　03-5812-9705
　　　　　http://www.fukumura.co.jp

印　刷　　株式会社文化カラー印刷
製　本　　本間製本株式会社

© Kazuhiro Kamikado　2016
Printed in Japan
ISBN 978-4-571-42059-7 C3036
定価はカバーに表示してあります。
乱丁本・落丁本はお取り替えいたします。

福村出版◆好評図書

M. ラター 他 著／上鹿渡和宏 訳
イギリス・ルーマニア養子研究から社会的養護への示唆
●施設から養子縁組された子どもに関する質問
◎2,000円　　ISBN978-4-571-42048-1　C3036

長期にわたる追跡調査の成果を，分かり易く，45のQ&Aにまとめた，社会的養護の実践家のための手引書。

C. パレット・K. ブラッケビィ・W. ユール・R. ワイスマン・S. スコット 著／上鹿渡和宏 訳
子どもの問題行動への理解と対応
●里親のためのフォスタリングチェンジ・ハンドブック
◎1,600円　　ISBN978-4-571-42054-2　C3036

子どものアタッチメントを形成していくための技術や方法が具体的に書かれた，家庭養護実践マニュアル。

津崎哲雄 監修・著訳／R. ペイジ・G. A. クラーク 原著編
養護児童の声　社会的養護とエンパワメント
◎2,500円　　ISBN978-4-571-42031-3　C3036

社会的養護を受ける子どもたちの生活の質を高める方策——エンパワメントとは何か，英国と日本の比較から学ぶ。

特定非営利活動法人 子どもの村福岡 編
国連子どもの代替養育に関するガイドライン
●SOS子どもの村と福岡の取り組み
◎2,000円　　ISBN978-4-571-42041-2　C3036

親もとで暮らせない子どもたちの代替養育の枠組みを示した国連のガイドラインと，福岡の取り組みを紹介。

S. バートン・R. ゴンザレス・P. トムリンソン 著／開原久代・下泉秀夫 他 監訳
虐待を受けた子どもの愛着とトラウマの治療的ケア
●施設養護・家庭養護の包括的支援実践モデル
◎3,500円　　ISBN978-4-571-42053-5　C3036

虐待・ネグレクトを受けた子どもの治療的ケアと，施設のケアラー・組織・経営・地域等支援者を含む包括的ケア論。

M. スタイン 著／池上和子 訳
社会的養護から旅立つ若者への自立支援
●英国のリービングケア制度と実践
◎3,300円　　ISBN978-4-571-42057-3　C3036

住居，教育，雇用，健康といった様々なアプローチから行われている英国のリービングケア政策と実践例を紹介。

武藤素明 編著
施設・里親から巣立った子どもたちの自立
●社会的養護の今
◎2,000円　　ISBN978-4-571-42046-7　C3036

アンケート調査と当事者の経験談から日本における児童福祉及び社会的養護からの自立のあるべき姿を模索する。

◎価格は本体価格です。